코드를 엮어서 만드는

마크라메 액세서리

부티크사 지음 | 황선영 옮김

이아소

Lady Boutique Series No. 3985

Code wo Musunde Tsukuru Otaona no Macrame Accessory

Copyright ⓒ 2015 by BOUTIQUE-SHA

All rights reserved.

First published in Japan in 2015 by BOUTIQUE-SHA, Tokyo

Korean translation rights arranged with BOUTIQUE-SHA

through Shinwon Agency Co., Seoul

코드를 엮어서 만드는

마크라메 액세서리

초판 2쇄 발행 2019년 7월 20일

지은이 부티크사
옮긴이 황선영
펴낸이 명혜정
펴낸곳 도서출판 이아소
디자인 황경성

등록번호 제311-2004-00014호
등록일자 2004년 4월 22일
주소 04002 서울시 마포구 월드컵북로5나길 18 1012호
전화 (02)337-0446 **팩스** (02)337-0402

책값은 뒤표지에 있습니다.
ISBN 979-11-87113-06-5 13590

도서출판 이아소는 독자 여러분의 의견을 소중하게 생각합니다.
E-mail: iasobook@gmail.com

이 도서의 국립중앙도서관 출판예정도서목록(CIP)은 서지정보유통지원시스템 홈페이지
(http://seoji.nl.go.kr)와 국가자료공동목록시스템(http://www.nl.go.kr/kolisnet)에서
이용하실 수 있습니다. (CIP제어번호 : CIP2016015079)

들어가며

'마크라메'라는 말을 처음 들어보는 분도 계실 거예요.

마크라메는 끈을 묶어서 예쁜 액세서리를 만드는 기법입니다.

어원은 아랍어지만, '묶는다'라는 심플한 테크닉인 만큼

발상지는 세계 전역이 아닐까 생각됩니다.

저는 여러 해 동안 중남미를 여행하면서 마크라메를 독학으로 배운 적이 있습니다.

이 책에 나오는 작품 대부분이 그쪽 문화의 영향을 받았습니다.

상상을 뛰어넘는 대자연의 풍광과 원주민들이 짠 정교한 민속의상,

시간이 멈춘 듯 살아 있는 유적이나 전통에서 느껴지는 이미지를 표현해 보았습니다.

이 책에는 기본적인 초급 기술부터 조금 복잡한 상급 단계의 작품이 모두 실려 있는데,

주로 '이어엮기'라는 매듭법을 사용하고 있습니다.

반복해서 끈을 묶고, 그 매듭코가 이어지면서 상상했던 선이 되고 무늬가 됩니다.

이렇게 조금씩 드러나는 모양과 구조에서 마크라메의 재미를 느낄 수 있습니다.

손 하나로 만들어내는 창작의 기쁨까지 더해서 말이죠.

~anudo~

CONTENTS ▷

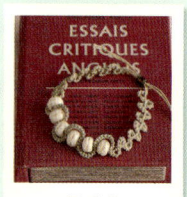
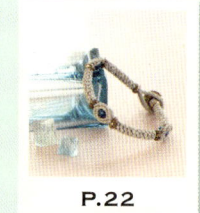

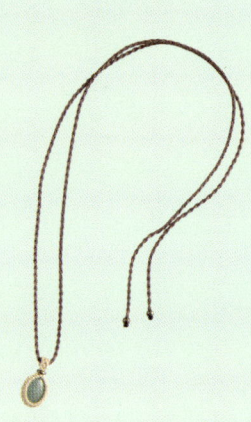

반지 >>>

P.34
이어엮기 반지

P.35
이어엮기 반지

그 밖의 액세서리 >>>

P.40
카반돌리 워크 브로치

P.41
프레임매듭(싱글)
머리핀

P.42
이어엮기와
라인매듭 머리끈

P.42
이어엮기와
라인매듭 열쇠고리

귀걸이 >>>

P.44
이어엮기와
라인매듭 귀걸이

P.45
이어엮기 귀걸이

P.45
이어엮기 귀걸이

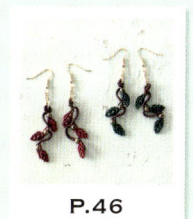
P.46
이어엮기와
라인매듭 귀걸이

P.46
레이스엮기 귀걸이

팔찌
BRACELET

남녀 구분 없이 편하게 착용할 수 있는 팔찌를 다양
한 디자인으로 소개한다.

1

2

3

평돌기매듭
팔찌

나선형으로 움직이는 디자인에
메탈 비즈를 더해
심플하고 멋스러운 팔찌.

DESIGN ▶ anudo

HOW TO MAKE ▶ p.8
(과정 해설)

평매듭 팔찌

초보자도 쉽게 만들 수 있는 화사한 평매듭 팔찌.
파워스톤과 메탈 비즈로 포인트를 주었다.

DESIGN ▶ anudo
HOW TO MAKE ▶ p.14

5

4

6

평돌기매듭 팔찌

사이즈…손목 둘레 약 20cm

1 재료

마이크로 마크라메 코드
엮는끈 검붉은색(1445) 140cm×2줄
중심끈 블루(1448) 50cm×1줄
파워스톤
구슬형 6mm 어벤추린(사금석, AC287) 1개
브라스 비즈 (AC1133) 2개
메탈 비즈
비즈 A 2mm 골드(AC1425) 24개
비즈 B 3mm 골드(AC1427) 2개

2 재료

마이크로 마크라메 코드
엮는끈 진회색(1462) 140cm×2줄
중심끈 검붉은색(1445) 50cm×1줄
파워스톤
구슬형 6mm 소달라이트(AC286) 1개
브라스 비즈 (AC1133) 2개
메탈 비즈
비즈 A 2mm 골드(AC1425) 24개
비즈 B 3mm 골드(AC1427) 2개

3 재료

마이크로 마크라메 코드
엮는끈 블루(1448) 140cm×2줄
중심끈 터쿼이즈(1449) 50cm×1줄
파워스톤
구슬형 6mm 애머시스트(자수정, AC386) 1개
브라스 비즈 (AC1133) 2개
메탈 비즈
비즈 A 2mm 골드(AC1425) 24개
비즈 B 3mm 골드(AC1427) 2개

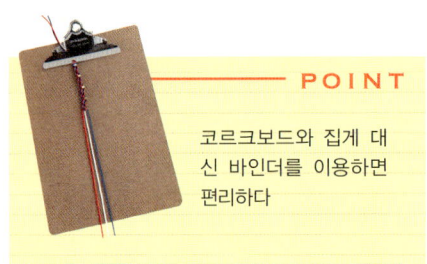

POINT

코르크보드와 집게 대신 바인더를 이용하면 편리하다

엮는끈에 비즈 A를 끼우고, 왼쪽 평돌기매듭을 8회 반복한다

3줄땋기 2세트에 브라스 비즈, 파워스톤, 브라스 비즈의 순서로 끼운다

시작

3줄땋기 (p.63 참조) 6cm

3줄로 한매듭 (p.63 참조)

비즈 B를 끼운다

불로 녹여 고정

※사진은 받침대로 코르크보드를 사용했지만, 골판지나 바인더로 대신할 수 있다.
※이해하기 쉽게 **1~13**의 과정은 끈의 종류와 색상을 바꿔서 설명했다.

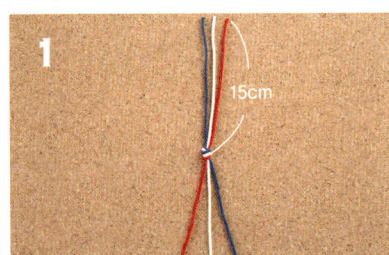

1 엮는끈과 중심끈 3줄의 끝을 맞추고, 끝을 15cm 남기고 임시 한매듭(p.63 참조)을 한다. ※임시 한매듭은 나중에 풀어야 하니 조금 느슨하게 묶어둔다.

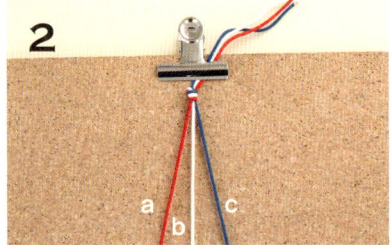

2 매듭코를 집게로 고정하고, 엮는끈과 중심끈을 사진처럼 놓는다. **b**가 중심끈이 된다.

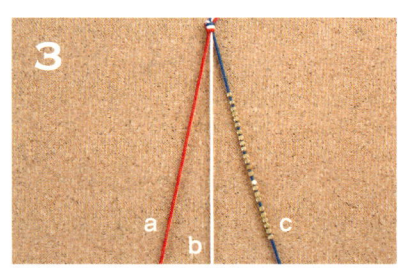

3 **c**에 비즈 A 24개를 끼우고, 밑으로 비즈 A가 빠지지 않게 끝을 묶어둔다.

4 왼쪽 평돌기매듭(p.64 참조)을 한다. **a**를 **b** 위에 놓고, 그 위로 **c**를 놓는다.

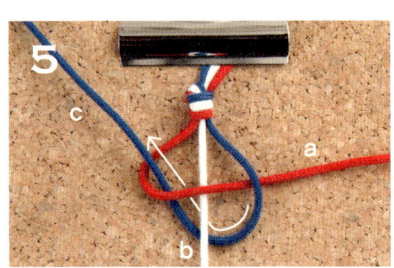

5 **c**를 **b** 아래로 지나서, 왼쪽에 생긴 고리로 아래에서 빼낸다.

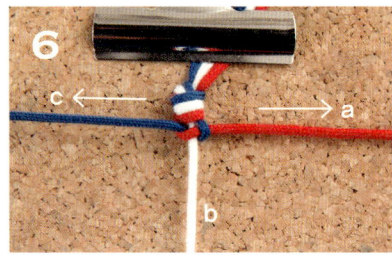

6 **a**, **c**를 좌우 균등하게 당겨서 조인다. 왼쪽 평돌기매듭이 1회 완성되었다.

4~6을 다시 3회 반복해서 왼쪽 평돌기매듭을 모두 4회 한다.

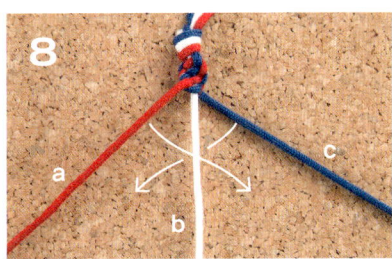

매듭코가 비틀어져 있으니 화살표 방향으로 a와 c를 바꿔 놓는다.

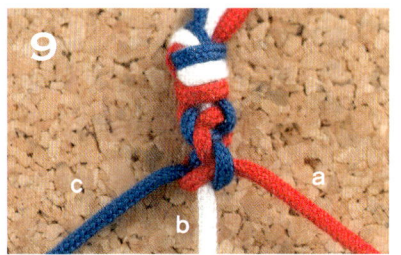

비틀린 매듭코가 바로잡혔다.

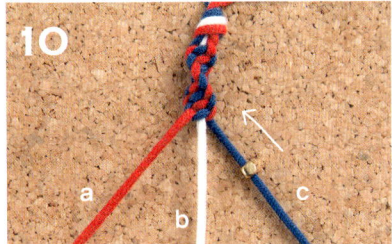

4~6을 다시 4회 반복한다. c에 끼운 비즈 A 1개를 끌어올린다.

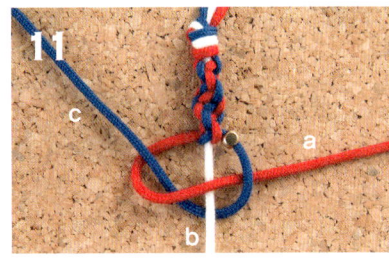

4~6과 같은 방법으로 왼쪽 평돌기매듭을 1회 한다.

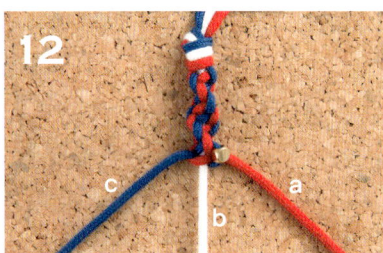

비즈 A가 넣어졌다.

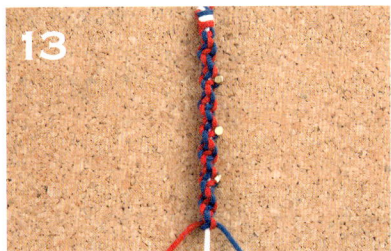

4~10을 반복한다. '왼쪽 평돌기매듭 8회, 비즈 A를 끼운다'를 반복한다.

4~10을 반복해서 비즈 A 24개를 모두 묶는다. 맨 마지막에 왼쪽 평돌기매듭을 8회 한다.

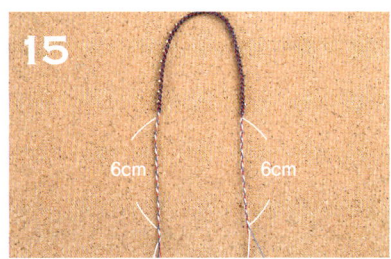

1의 임시 한매듭을 풀고, 양끝에 3줄땋기(p.63 참조)를 6cm 한다.

3줄땋기 2세트에 브라스 비즈, 파워스톤, 브라스 비즈의 순서로 끼운다.

3줄땋기 1세트에 비즈 B 1개를 끼우고, 3줄로 한매듭을 한다.

끈 끝을 각각 0.2cm 남기고 자른다.

라이터를 옆으로 눕히고, 끈 끝에 라이터 아랫부분(파란 불꽃 부분)을 천천히 갖다댄다.

20

끈이 녹아 고정된 모습이다. ※불을 너무 가까이 대면 끈이 검게 그을리고 타버릴 수 있으니 주의한다.

21

완성.

이어엮기와 라인매듭
팔찌 & 귀걸이

검은색 코드에 흰색 머더 오브 펄(자개)이
인상적인 팔찌와 귀걸이 세트.
생동감 있고 개성이 넘치는 디자인이다.

DESIGN ▶ anudo
HOW TO MAKE ▶ 7/p.15, 8/p.14

7

8

라인매듭 팔찌

컬러풀한 코드를 사용해서,
팔찌 둘레를 위아래로 튀어나오게 만든
깜찍한 디자인.

DESIGN ▶ anudo
HOW TO MAKE ▶ p.17

10

9

이어엮기 팔찌

DESIGN ▶ tama5
HOW TO MAKE ▶ p.16

이어엮기로 팔찌 겉면에
입체감을 주었다.
자신이 좋아하는 색으로 만들어보자.

12

11

이어엮기 &
좌우엮기 팔찌

매듭코로 틈을 만들어
레이스처럼 우아한 느낌의 팔찌.
내추럴 컬러로 만드는 것이 포인트.

DESIGN ▶ marchen-art studio
HOW TO MAKE ▶ p.16

오리 장식／AWABEES

15

14

13

16

17

이어엮기 &
뒤 레이스엮기
팔찌

코드에 브라스 비즈를 끼워 넣은 것 같은 디자인.
코드 색을 미묘하게 조화시켜
소녀다운 분위기로 연출했다.

DESIGN ▶ anudo
HOW TO MAKE ▶ p.48

유리 소품 수납함／AWABEES

평매듭 팔찌

사이즈…손목 둘레 약 16cm

4 재료

마이크로 마크라메 코드
엮는끈 오렌지(1443) 100cm×2줄
중심끈 브라운(1453) 50cm×1줄
파워스톤
구슬형 6mm 카넬리안(AC282) 1개
브라스 비즈 (AC1133) 2개
메탈 비즈
3mm 골드(AC1427) 9개

5 재료

마이크로 마크라메 코드
엮는끈 마살라 차이(1464) 100cm×2줄
중심끈 카키(1452) 50cm×1줄
파워스톤
구슬형 6mm 어벤추린(AC287) 1개
브라스 비즈 (AC1133) 2개
메탈 비즈
3mm 골드(AC1427) 9개

6 재료

마이크로 마크라메 코드
엮는끈 브라운(1453) 100cm×2줄
중심끈 검붉은색(1445) 50cm×1줄
파워스톤
구슬형 6mm 로즈 쿼츠(AC284) 1개
브라스 비즈 (AC1133) 2개
메탈 비즈
3mm 골드(AC1427) 9개

①②시작 방법

15cm 남긴다
임시 한매듭
중심끈
왼쪽 평매듭을 0.5회 한다

③비즈 끼우는 법

④의 왼쪽 평매듭
중심끈에 비즈를 끼운다
중심끈

⑤③④를 5회 반복한다

②왼쪽 평매듭 (p.65 참조) 0.5회
③중심끈에 비즈를 끼운다
④왼쪽 평매듭 10회
시작
⑥중심끈에 비즈를 끼우고 왼쪽 평매듭 0.5회
①엮는끈과 중심끈 3줄의 끝을 맞추고, 15cm를 남기고 임시 한매듭 (p.63 참조)
⑨3줄땋기 2세트에 브라스 비즈, 파워스톤, 브라스 비즈의 순서로 끼운다
⑦3줄땋기 (p.63 참조) 7cm
⑧임시 한매듭을 풀고 3줄땋기 7cm
⑩3줄땋기 1세트에 비즈 1개를 끼우고, 3줄로 한매듭, 불로 고정(p.63 참조)해서 마무리

이어엮기와 라인매듭 귀걸이

모티프 사이즈…약 3.5cm

8 재료 (1쌍)

마이크로 마크라메 코드
엮는끈 A 블랙(1458) 60cm×6줄
엮는끈 B 블랙(1458) 40cm×2줄
파워스톤
구슬형 6mm 머더 오브 펄(AC585) 2개
브라스 비즈 (AC1134) 4개
귀걸이 금속(후프) 13mm 골드 1쌍
C링 3.5×5mm 골드 4개

③모티프 고리(♡)에 C링을 달고 귀걸이 금속과 C링을 연결한다.

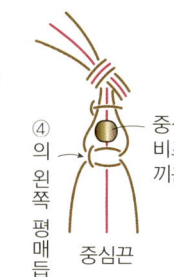

시작
②
C링 2개
①엮는끈 A 2줄을 중앙에서 맞추고 1줄을 중심끈으로 해서 왼쪽 레이스엮기(p.65 참조) 2회, 오른쪽 레이스엮기(p.65 참조) 2회 하고, 중심끈으로 사선엮기(p.66 참조) 1회

②모티프 매듭법 (기호도)

①시작 방법

중앙에서 시작
2회 왼쪽 레이스엮기
2회 오른쪽 레이스엮기
사선엮기
중심끈 엮는끈 A 2줄로 시작

엮는끈 A 1줄을 추가한다
※p.15 '이어엮기 연결 방법' 참조

라인매듭 (p.68 참조)
※코드 연결을 이해하기 쉽게 색을 바꿔서 했다
브라스 비즈를 끼운다
엮는끈 B 1줄을 파워스톤의 중앙에 끼우고 좌우로 이어엮기를 해서 연결한다

시작
참조해서 오른쪽 그림을 묶는다 참조해서 모티프를

불로 녹여 고정

불로 녹여 고정

14

② 매듭법
(기호도)

이어엮기와 라인매듭
팔찌

사이즈…손목 둘레 약 20cm

7 재료

마이크로 마크라메 코드
블랙(1458) 200cm×4줄
파워스톤
구슬형 6mm 머더 오브 펄(AC585) 1개
브라스 비즈 (AC1134) 6개
(AC1133) 1개

중앙에서
시작

0.8
cm

① 코드 2줄을 중앙에서 맞추고,
1줄을 중심끈으로 해서
왼쪽 레이스엮기(p.65 참조) 5회,
오른쪽 레이스엮기(p.65 참조) 5회 하고,
중심끈으로 사선엮기(p.66 참조) 1회

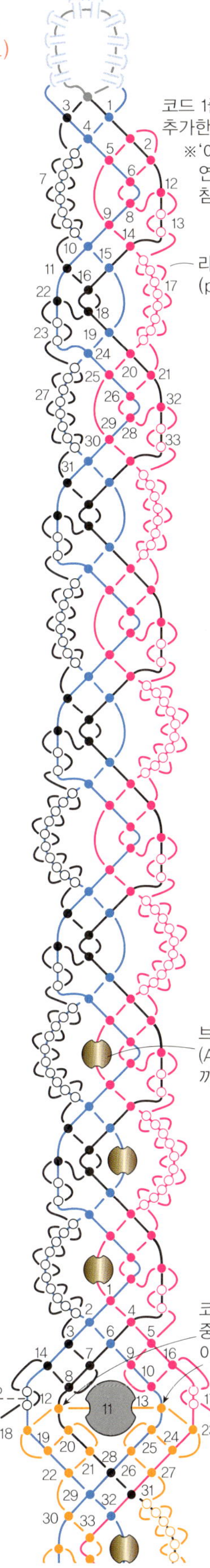

코드 1줄을
추가한다
※'이어엮기
연결 방법'
참조

라인매듭
(p.68 참조)

※코드 연결을
이해하기 쉽게
색을 바꿔서 했다

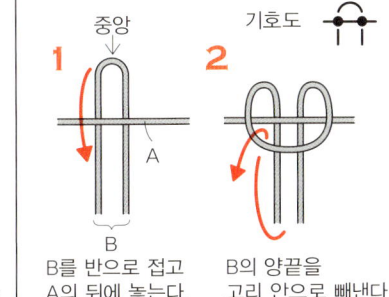
이어엮기 연결 방법

중앙

기호도

1
2

B
A

B를 반으로 접고
A의 뒤에 놓는다.
중앙을 앞으로 눕힌다

B의 양끝을
고리 안으로 빼낸다

3
4

B의 끝을 각각
앞쪽에서 A에 걸고
고리 안으로 빼낸다

당겨서 조인다

5

완성

① 시작 방법

중앙에서 시작

5
회
왼
쪽
레
이
스
엮
기

5
회
오
른
쪽
레
이
스
엮
기

사
선
엮
기

중심끈

코드 2줄로 시작

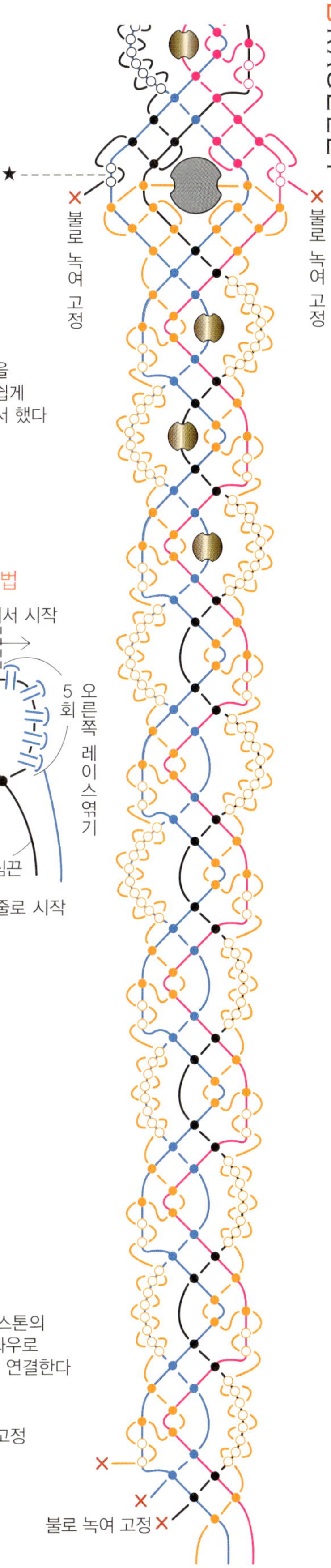

② 오른쪽
그림을 참조
해서 묶는다
약 18cm

브라스 비즈
(AC1134)를
끼운다

코드 1줄을 파워스톤의
중앙에 끼우고 좌우로
이어엮기를 해서 연결한다

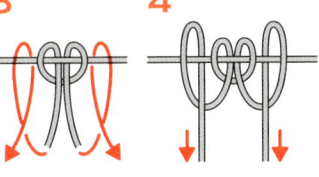

★ 에서 계속된다
불로 녹여 고정 ✕

불로 녹여 고정 ✕

③ 3줄땋기
(p.63 참조) 1cm

④ 브라스 비즈(AC1133)를 끼우고,
3줄로 한매듭(p.63 참조)을 한 뒤 끝을
불로 녹여 고정(p.63 참조)해서 마무리

★

✕ 불로
녹여
고정

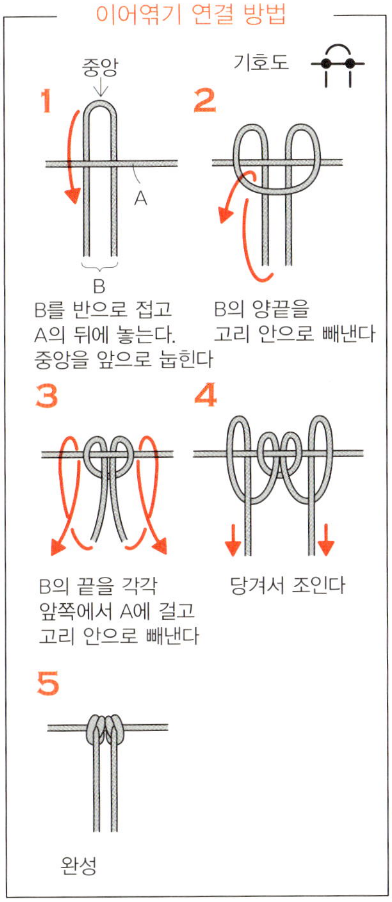

✕ 불로
녹여 고정

✕ 불로 녹여 고정

✕
✕
불로 녹여 고정

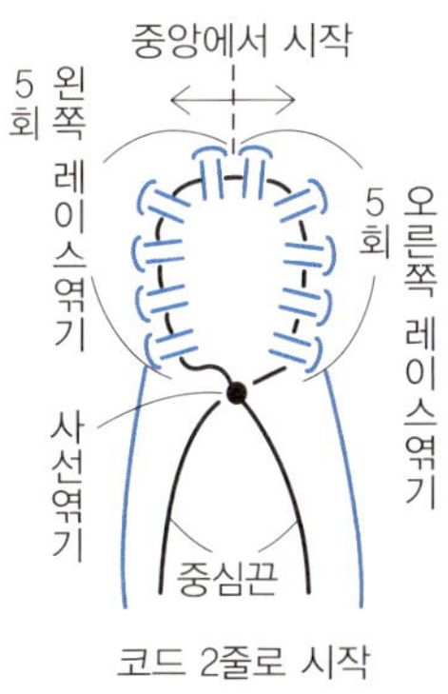

이어엮기 팔찌

사이즈…손목 둘레 약 16~22cm

11 재료

마이크로 마크라메 코드
엮는끈 A 그린(1451) 100cm×2줄
엮는끈 B 옐로우(1442) 100cm×2줄
엮는끈 C 오렌지(1443) 100cm×2줄
브라스 비즈 (AC1141) 1개

12 재료

마이크로 마크라메 코드
엮는끈 A 블루(1448) 100cm×2줄
엮는끈 B 세이지(1450) 100cm×2줄
엮는끈 C 퍼플(1447) 100cm×2줄
브라스 비즈 (AC1141) 1개

① 시작 방법

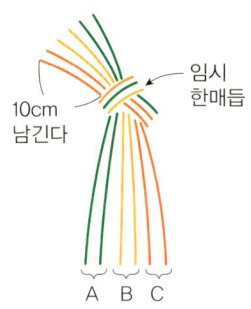

10cm 남긴다

임시 한매듭

A B C

② 매듭법(기호도)

사선 가로엮기   사선 세로엮기

1
2 3 4 (중심끈)

1
2 3 4 (중심끈)

A A B B C C

매듭이 끝나면 A, B, C 각 1줄을 불로 녹여 고정

사선 가로엮기 2단

사선 세로엮기 2단

☆

사선 가로엮기와 사선 세로엮기를 2단씩 번갈아서 반복한다

☆을 3회 반복한다

사선 가로엮기 2단

A, B, C 각 1줄을 불로 녹여 고정

⑥3줄로 한매듭을 하고, 끝을 불로 녹여 고정(p.63 참조)해서 마무리

③3줄땋기 (p.63 참조) 7cm

④임시 한매듭을 풀고 남은 10cm로 3줄땋기 7cm

⑤브라스 비즈에 교차해서 끼운다

시작

①엮는끈 A, B, C 6줄의 끝을 맞추고, 10cm를 남기고 임시 한매듭 (p.63 참조)

②사선 가로엮기와 사선 세로엮기 (위 그림, 오른쪽 그림, p.66, 67 참조)를 2단씩 번갈아서 반복한다 약 15cm

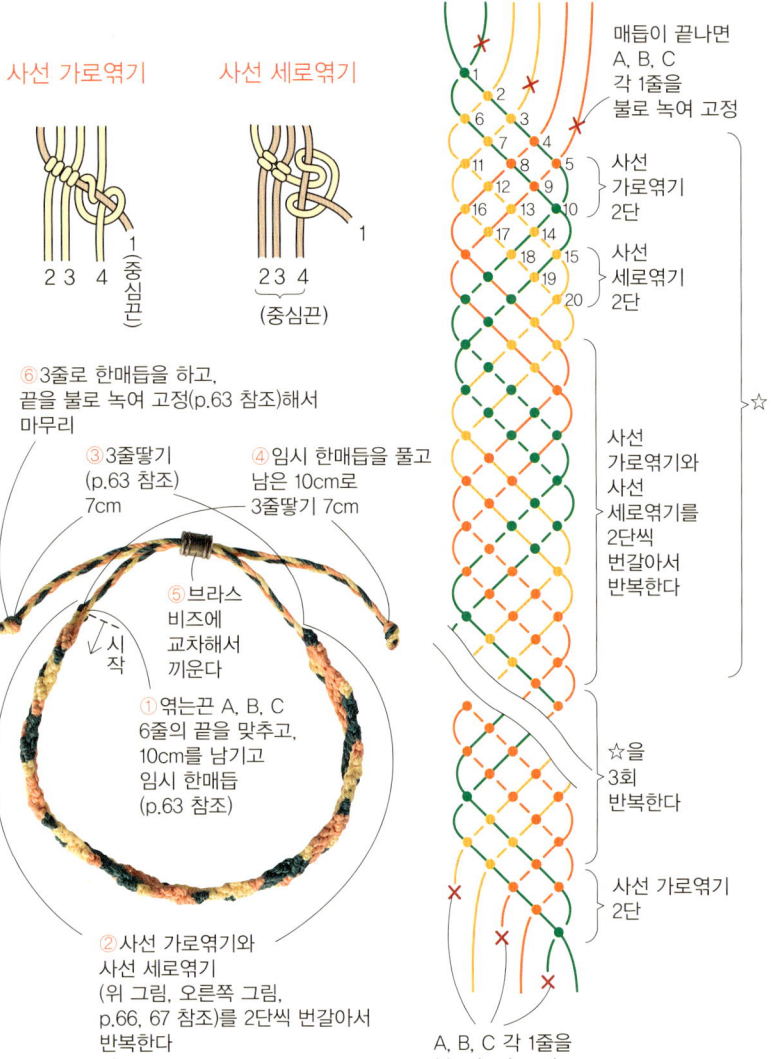

이어엮기 & 좌우엮기 팔찌

사이즈…손목 둘레 약 16~22cm

13 재료

마이크로 마크라메 코드
엮는끈 A 옥색(1459) 110cm×6줄
엮는끈 B 옥색(1459) 30cm×1줄

14 재료

마이크로 마크라메 코드
엮는끈 A 진회색(1462) 110cm×6줄
엮는끈 B 진회색(1462) 30cm×1줄

15 재료

마이크로 마크라메 코드
엮는끈 A 로즈 그레이(1461) 110cm×6줄
엮는끈 B 로즈 그레이(1461) 30cm×1줄

④6줄로 한매듭

③2줄씩 잡고 3줄땋기 (p.63 참조) 6cm

⑦3줄땋기를 교차하고, 엮는끈 B로 왼쪽 평매듭(p.36, 65 참조)을 4회 해서 고정한다

⑤임시 한매듭을 풀고 남은 15cm로 2줄씩 잡고 3줄땋기 6cm

⑥④와 같은 방법

1cm

시작

①엮는끈 A 6줄의 끝을 맞추고, 15cm를 남기고 임시 한매듭 (p.63 참조)

②사선엮기(p.66, 67 참조) 2단, 좌우엮기(p.64 참조) 2회를 번갈아서 반복한다 약 15cm

① 시작 방법

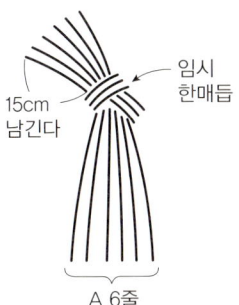

15cm
남긴다

→ 임시
한매듭

A 6줄

② 매듭법(기호도)

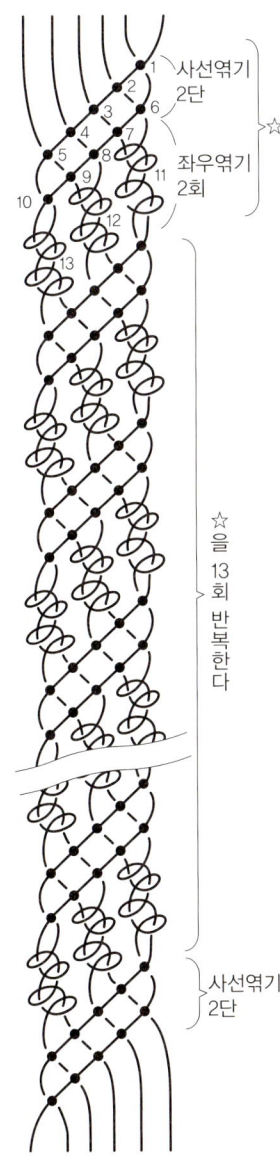

1
3 7 6
4
5 8 11
9
10
12
13

사선엮기
2단

좌우엮기
2회

☆

☆
을
13
회
반복
한
다

사선엮기
2단

P.11 9·10

라인매듭 팔찌

사이즈…손목 둘레 약 18cm

9 재료

마이크로 마크라메 코드
엮는끈 A 옥색(1459) 220cm×1줄
엮는끈 B 블루(1448) 100cm×1줄
헴프 트와인 가는 타입
엮는끈 C 레인보우(375) 120cm×1줄
브라스 비즈 (AC1136) 11개
           (AC1142) 1개

10 재료

마이크로 마크라메 코드
엮는끈 A 옐로우(1442) 220cm×1줄
엮는끈 B 오렌지(1443) 100cm×1줄
헴프 트와인 가는 타입
엮는끈 C 모노톤(378) 120cm×1줄
브라스 비즈 (AC1136) 11개
           (AC1142) 1개

① 엮는끈 A, B, C 3줄을
중앙에서 맞추고, B, C를 중심끈으로 해서
왼쪽 레이스엮기(p.65 참조) 10회,
오른쪽 레이스엮기(p.65 참조) 10회 하고,
B로 뒤 사선엮기(p.67 참조) 1회

② 오른쪽 그림을
참조해서 묶는다
16cm

중앙에서 시작
1.5
cm

① 시작 방법

중앙에서 시작

왼쪽 레이스
엮기 10회

오른쪽 레이스엮기
10회

뒤 사선엮기

A C   B C A

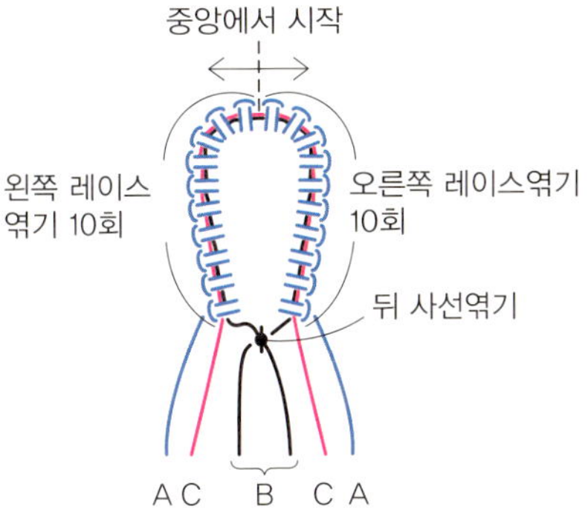

③ 6줄을 브라스 비즈
(AC1142)에 끼우고,
6줄로 한매듭(p.63 참조).
엮는끈 A, B의 끝은 불로 녹여
고정(p.63 참조)해서 마무리하고,
엮는끈 C는 0.2cm 남기고 자른다

② 매듭법(기호도)

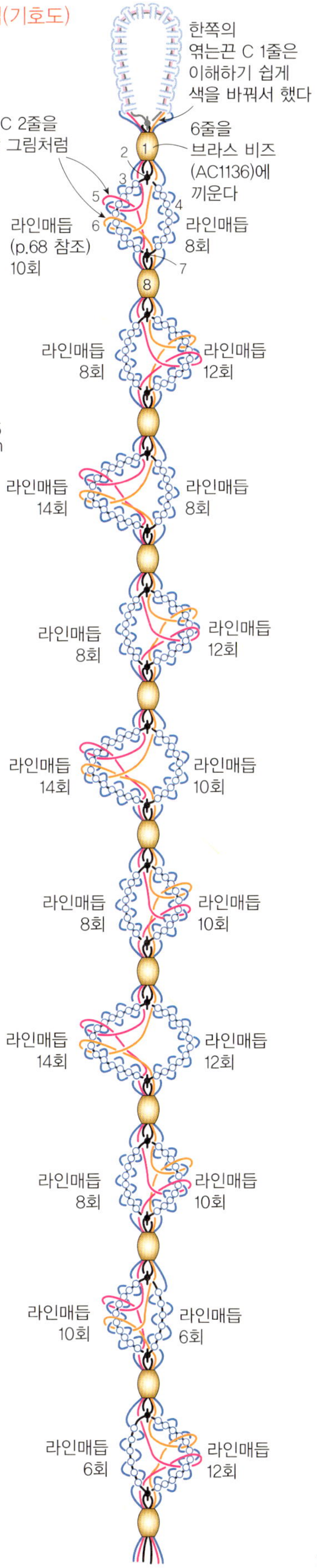

한쪽의
엮는끈 C 1줄은
이해하기 쉽게
색을 바꿔서 했다

라인매듭에 엮는끈 C 2줄을
위에서 아래로 각각 그림처럼
걸어 나간다

1
2
3
5   4
6
7
8

6줄을
브라스 비즈
(AC1136)에
끼운다

라인매듭
(p.68 참조)
10회

라인매듭
8회

라인매듭
8회   라인매듭
             12회

라인매듭
14회   라인매듭
             8회

라인매듭
8회   라인매듭
            12회

라인매듭
14회   라인매듭
             10회

라인매듭
8회   라인매듭
            10회

라인매듭
14회   라인매듭
             12회

라인매듭
8회   라인매듭
            10회

라인매듭
10회   라인매듭
             6회

라인매듭
6회   라인매듭
            12회

프레임매듭(싱글)
팔찌

DESIGN ▶ anudo
HOW TO MAKE ▶ p.49

18

19

큰 타원형의 타이거아이와
카넬리안을 각각 프레임매듭으로 엮은
임팩트 강한 팔찌.

프레임매듭(싱글) 반지

팔찌와 한 세트로 착용하기 좋은 프레임매듭 반지.
로즈 쿼츠와 블루레이스 아게이트를 사용해
차분한 분위기로 완성했다.

DESIGN ▶ anudo
HOW TO MAKE ▶ p.50

21

20

프레임매듭(더블) 팔찌

새까만 오닉스를 메인으로, 메탈 비즈와 브라운계 코드로 마무리한 남성적인 팔찌.

DESIGN ▶ anudo
HOW TO MAKE ▶ p.51

새 장식／AWABEES

22

프레임매듭(더블) 반지

터쿼이즈와 라피스 라줄리를 각각 두 색상의 코드로 프레임매듭 한 존재감 있는 반지.

DESIGN ▶ anudo
HOW TO MAKE ▶ p.52

24

23

화장품 병뚜껑／AWABEES

이어엮기
팔찌

두 색상의 코드를 절묘하게 조화시켜,
성숙하고 고급스러운 분위기로 연출한 팔찌.
단정한 옷차림에 코디해보자.

26

25

DESIGN ▶ 마츠다 사와
HOW TO MAKE ▶ p.53

약병／AWABEES

27

28

둥근 4줄접기
팔찌

심플한 둥근 4줄접기 매듭에
언밸런스하게 배치한
본 비즈와 앤티크 장식이
매력적인 팔찌.

DESIGN ▶ anudo
HOW TO MAKE ▶ p.54

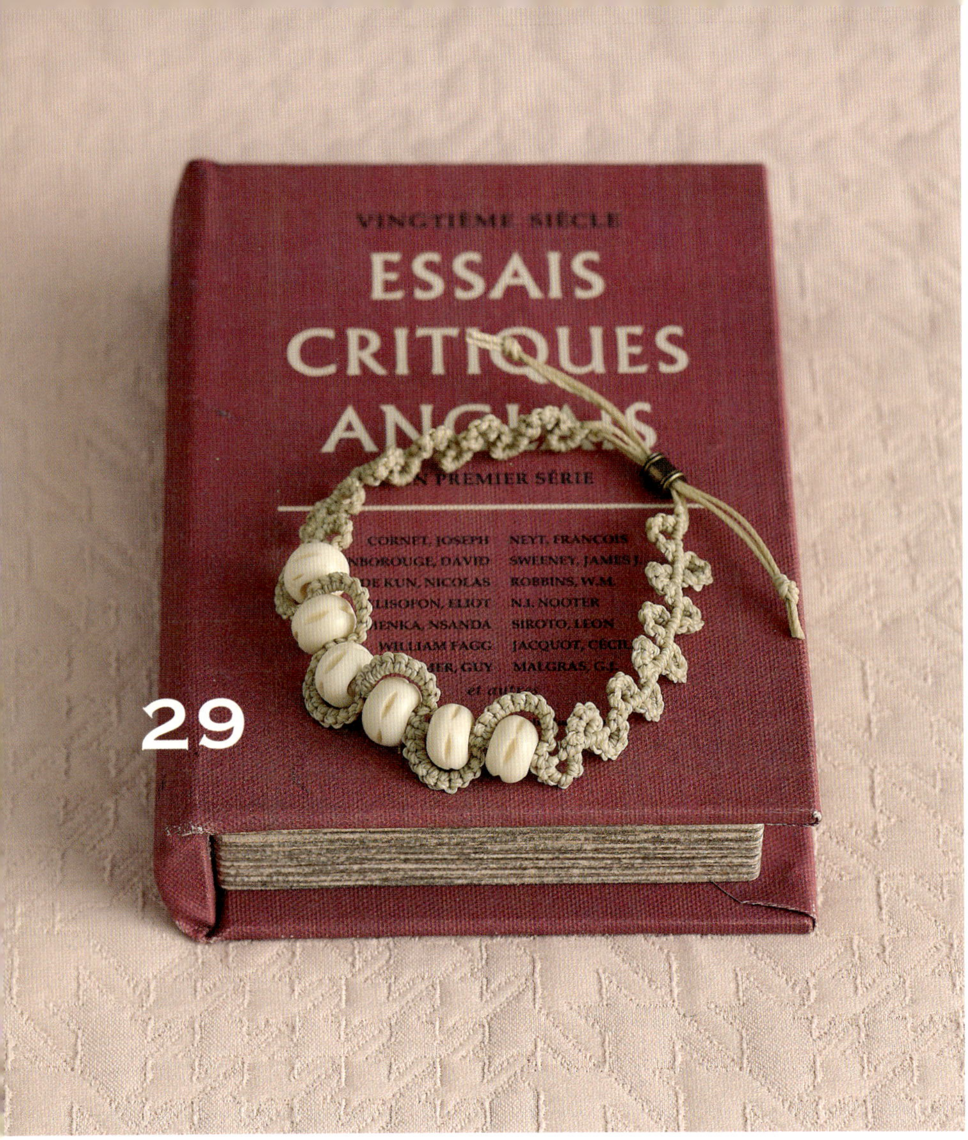

레이스엮기
팔찌

본 비즈와 베이지 코드를 사용한
내추럴한 분위기의 팔찌.
생동감 있는 물결무늬 디자인이 포인트.

DESIGN ▶ 마츠다 사와
HOW TO MAKE ▶ p.54

29

단단하게 꽉 묶어 만든
시원한 분위기의 팔찌.
퓨터와 소달라이트로
느낌을 살렸다.

DESIGN ▶ anudo
HOW TO MAKE ▶ p.23

약병／AWABEES

이어엮기 &
둥근 4줄접기
팔찌

30

이어엮기 & 둥근 4줄접기
팔찌

사이즈…손목 둘레 약 19cm

30 재료

마이크로 마크라메 코드
엮는끈 A 마살라 차이(1464) 220cm×1줄
엮는끈 B 마살라 차이(1464) 180cm×3줄
파워스톤
구슬형 6mm 소달라이트(AC286) 3개
앤티크 골드 퓨터
퓨터 A (AC431) 8개
퓨터 B (AC437) 1개
앤티크 코퍼 (AC1201) 1개

①②시작 방법

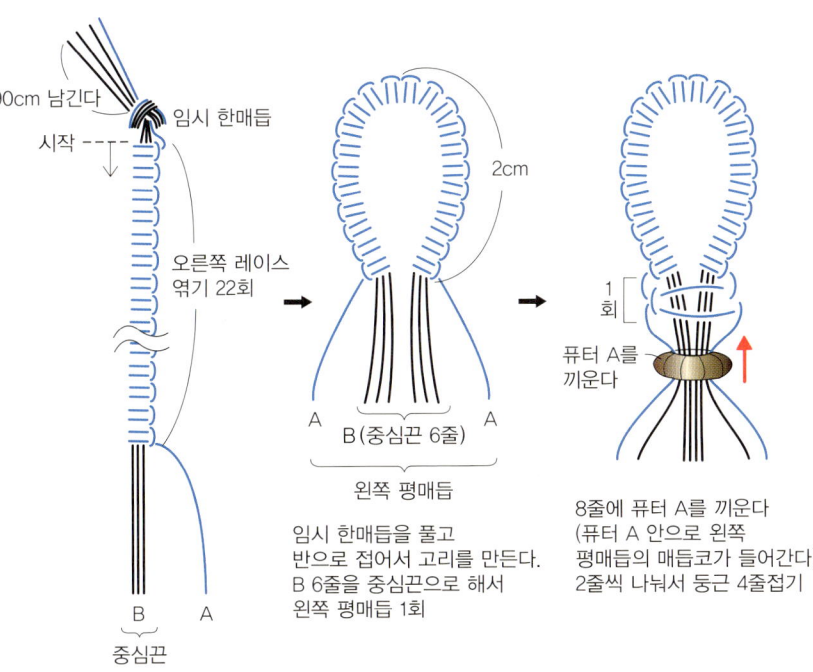

90cm 남긴다
시작 ----
임시 한매듭
오른쪽 레이스
엮기 22회
B   A
중심끈

2cm

A   A
B (중심끈 6줄)
왼쪽 평매듭

임시 한매듭을 풀고
반으로 접어서 고리를 만든다.
B 6줄을 중심끈으로 해서
왼쪽 평매듭 1회

1회

퓨터 A를
끼운다

8줄에 퓨터 A를 끼운다
(퓨터 A 안으로 왼쪽
평매듭의 매듭코가 들어간다)
2줄씩 나눠서 둥근 4줄접기

⑤ 매듭법(기호도)

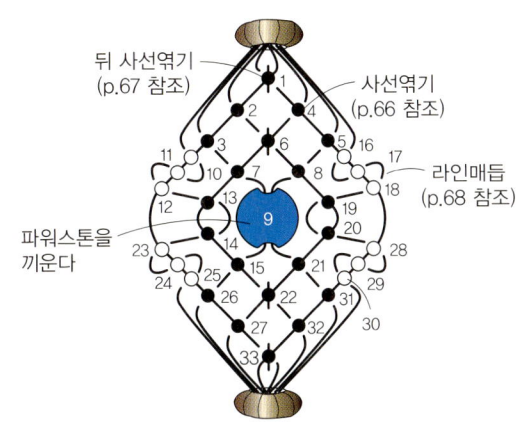

뒤 사선엮기
(p.67 참조)
사선엮기
(p.66 참조)
라인매듭
(p.68 참조)
파워스톤을
끼운다

① 엮는끈 A 1줄과
엮는끈 B 3줄의 끝을 맞추고,
90cm를 남기고 임시 한매듭
(p.63 참조).
B 3줄을 중심끈으로 해서
오른쪽 레이스엮기(p.65 참조)
22회 하고 반으로 접는다

시작
2cm

② 중심끈 6줄로 왼쪽 평매듭
(p.65 참조) 1회 하고,
8줄에 퓨터 A를
1개 끼운다(퓨터 A 안으로
매듭코가 들어간다)

③ 2줄씩 잡고
둥근 4줄접기
(p.64 참조)
20회

2.5
cm

④ 8줄에 퓨터 A를 끼운다

⑤ 왼쪽 그림을 참조해서 묶는다

⑥ 8줄에 퓨터 A를 끼운다

⑦ ③④⑤⑥을 2회 반복한다

⑧ ③④를 반복한다

⑨ 2줄씩 잡고 둥근 4줄접기
7회

⑩ 8줄에 퓨터 B,
앤티크 코퍼의 순으로 끼운다

⑪ 8줄로 한매듭을 하고,
끝을 불로 녹여 고정(p.63 참조)해서 마무리

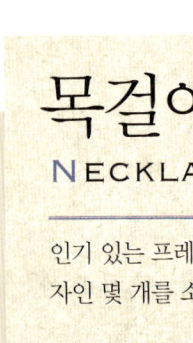

목걸이
NECKLACE

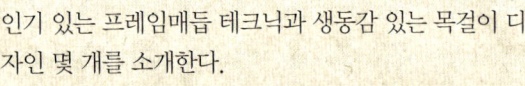

인기 있는 프레임매듭 테크닉과 생동감 있는 목걸이 디자인 몇 개를 소개한다.

31

32

프레임매듭(싱글)
펜던트

작은 파워스톤을 공들여
프레임매듭으로 엮은 목걸이.
아무 옷에나 부담 없이 매치할 수 있다.

DESIGN ▶ anudo
HOW TO MAKE ▶ p.26
(과정 해설)

33

34

프레임매듭
(33/ 더블, 34/ 장식) 펜던트

존재감 있는 커다란 파워스톤을 사용한
프레임매듭 목걸이.
24페이지의 프레임매듭을 응용한 작품이다.

DESIGN ▶ anudo
HOW TO MAKE ▶ 33/p.30
　　　　　　　　 34/p.31

POINT LESSON 프레임매듭(싱글) 펜던트

사이즈…목 둘레 최대 약 60cm

31 재료

마이크로 마크라메 코드
(프레임)
엮는끈 A 베이지(1455) 100cm×1줄
엮는끈 B 베이지(1455) 80cm×1줄
(목걸이)
밤색(1463) 100cm×4줄
파워스톤
미니 카보숑 어벤추린(AC1542)
브라스 비즈 (AC1133) 1개
　　　　　　 (AC1132) 2개

32 재료

마이크로 마크라메 코드
(프레임)
엮는끈 A 옥색(1459) 100cm×1줄
엮는끈 B 옥색(1459) 80cm×1줄
(목걸이)
라이트 그레이(1456) 100cm×4줄
파워스톤
미니 카보숑 카넬리안(AC1545)
브라스 비즈 (AC1133) 1개
　　　　　　 (AC1132) 2개

④ 4줄꼬기
(p.64 참조) 80cm

⑤ ②③과
같은 방법

시작

② 4줄에
브라스 비즈
(AC1132)를 끼운다

③ 4줄의 끝을 불로 녹여 고정
(p.63 참조)해서 마무리

① 프레임매듭
(p.26 - **1**～p.29 - **39** 참조)

※프레임매듭을 할 때는 반드시 코르크보드와 핀으로 끈을 고정한다.
※이해하기 쉽게 끈의 종류와 색, 브라스 비즈, 파워스톤은 소재를 바꿔서 설명했다.

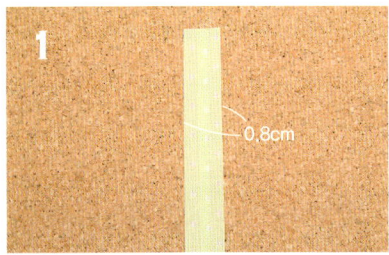

1 프레임매듭의 폭(0.8cm)에 맞춰서 마스킹 테이프를 준비하고 붙인다(프레임매듭의 폭을 맞추는 기준이 된다). 파워스톤의 폭이 넓을 때는 마스킹 테이프를 겹쳐서 붙이면 조정이 가능하다.

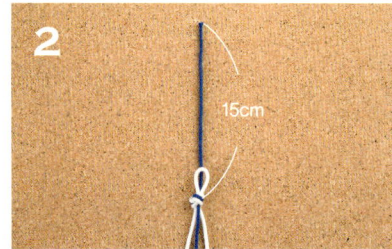

2 엮는끈 B의 중앙을 반으로 접고, 엮는끈 A의 끝을 15cm 남기고 3줄을 맞춰서 임시 한매듭(p.63 참조)을 한다. ※임시 한매듭은 나중에 풀어야 하니 조금 느슨하게 묶어둔다.

3 임시 한매듭과 마스킹 테이프의 모서리에 핀을 꽂아서 끈을 고정한다.

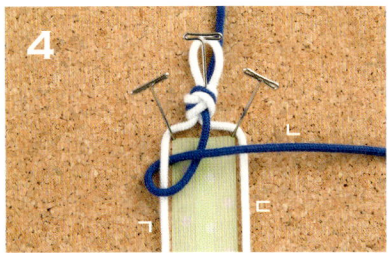

4 ㄱ과 ㄴ으로 오른쪽 레이스엮기(p.65 참조)를 한다. ㄱ을 중심끈으로 해서, ㄴ을 ㄱ의 위에서 아래로 빼내고 당겨서 조인다.

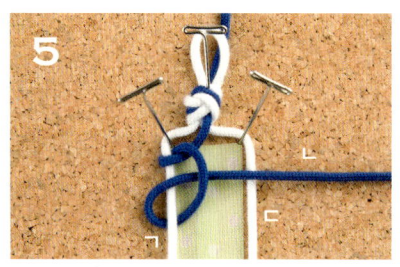

5 이어서 ㄱ을 중심끈으로 해서, ㄴ을 ㄱ의 아래에서 위로 빼내고 당겨서 조인다.

6 오른쪽 레이스엮기가 1회 완성되었다.

매듭코에 핀을 꽂는다. ㄴ과 ㄷ으로 왼쪽 레이스 엮기(p.65 참조)를 한다. ㄷ을 중심끈으로 해서, ㄴ을 ㄷ의 위에서 아래로 빼내고 당겨서 조인다.

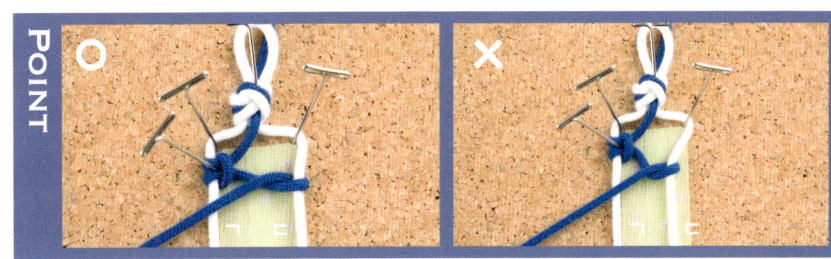

마스킹 테이프의 끝에 ㄱ과 ㄷ이 맞춰진 상태로 당겨서 조인다.

너무 당기면 왼쪽으로 쏠려서 폭이 좁아져버린다.

이어서 ㄷ을 중심끈으로 해서, ㄴ을 ㄷ의 아래에서 위로 빼내고 당겨서 조인다.

왼쪽 레이스엮기가 1회 완성되었다.

ㄴ과 ㄷ의 끈을 화살표 방향으로 당겨서 조인다. ※방법은 ㄴ이 시계방향의 10시, ㄷ이 4시.

4~9를 반복한다. 2단이 끝난 모습.

4~9를 반복해서 파워스톤의 둘레와 같은 길이까지 묶는다. ※매듭의 횟수는 당겨서 조이는 정도에 따라 달라진다.

카보숑을 안쪽에 넣고, 엮는끈 B를 딱 맞게 당겨서 조이고 사이즈가 맞는지 확인한다. ※사이즈가 맞지 않을 경우 매듭의 횟수를 증감해서 조정한다.

2의 임시 한매듭을 푼다.

매듭을 누르고 양끝이 같은 길이가 되도록 엮는끈 B를 잡아당긴다.

엮는끈 B의 중앙을 자른다.

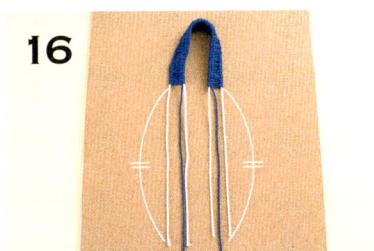

엮는끈 B의 양끝이 같은 치수가 되도록 정돈한다.

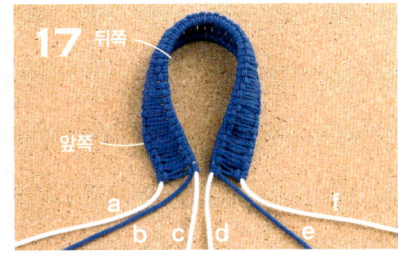

뒤쪽으로 돌린다. 엮는끈 6줄을 사진처럼 놓는다.

c와 d로 뒤 사선엮기(p.67 참조)를 한다. d를 중심끈으로 해서 c를 d의 위에서 아래로 빼낸다.

27

당겨서 조인다.

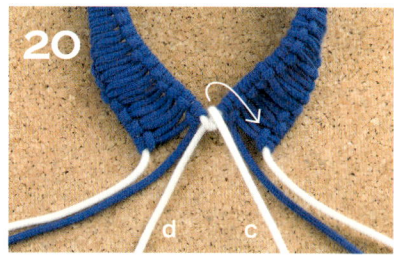

c를 화살표 방향으로 젖힌다.

d를 중심끈으로 해서 c를 d의 아래에서 위로 빼낸다.

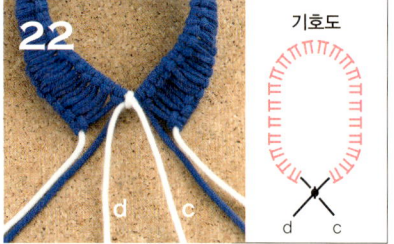

기호도

당겨서 조인다. 뒤 사선엮기가 1회 완성되었다.

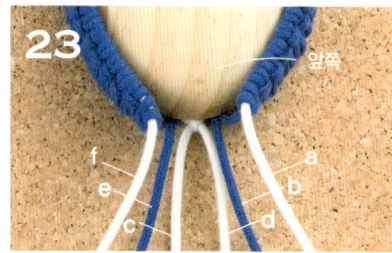

앞쪽으로 돌리고 카보숑을 안쪽에 넣는다. 엮는 끈 6줄을 사진처럼 놓는다.

기호도

카보숑

a를 중심끈으로 해서 f로 뒤 사선엮기를 1회 한다. 카보숑이 감싸졌다. 프레임매듭 완성.

기호도

카보숑

브라스 비즈를 끼운다

고리를 만든다. a, c, d, f 4줄을 브라스 비즈 (AC1133)에 끼운다.

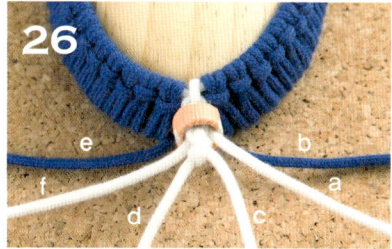

d를 중심끈으로 해서 c로 뒤 사선엮기를 1회 한다.

d를 중심끈으로 해서 f로 사선엮기(p.66 참조)를 1회 한다.

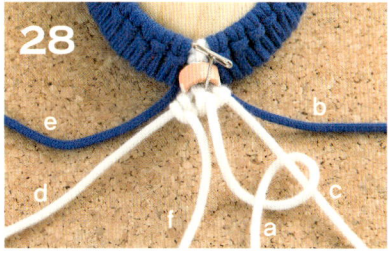

c를 중심끈으로 해서 a로 사선엮기를 1회 한다.

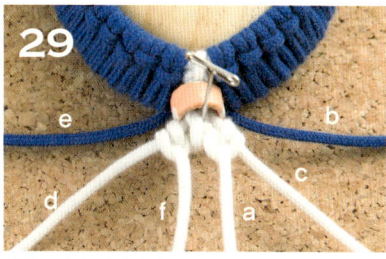

좌우 1회씩 사선엮기를 한 모습.

a를 중심끈으로 해서 f로 뒤 사선엮기를 1회 한다.

a의 위에 d를, f의 위에 c를 교차시킨다.

d, c를 중심끈으로 해서 a, f로 사선엮기를 1회씩 한다. c를 중심끈으로 해서 d로 뒤 사선엮기를 1회 한다.

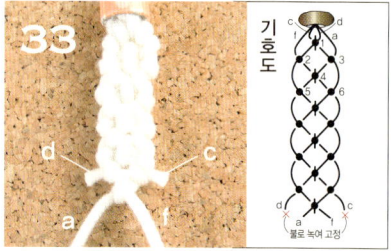

기호도

불로 녹여 고정

31, 32를 반복해서 세 무늬를 만든다. c와 d의 끝을 0.2cm 남기고 자른 다음, 불로 녹여 고정(p.63 참조)해서 마무리한다.

33의 사선엮기를 뒤쪽으로 접고, f와 a를 다시 브라스 비즈에 끼운다. ※p.63 코드 끼우는 법 참조.

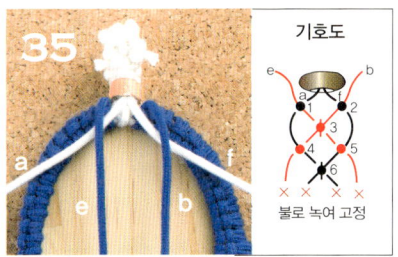

기호도

불로 녹여 고정

a의 위에 e를, f의 위에 b를 교차시킨다.

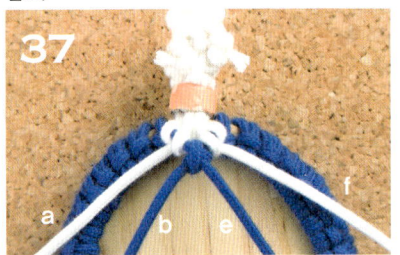

e, b를 중심끈으로 해서 a, f로 각각 사선엮기를 1회 한다.

b를 중심끈으로 해서 e로 뒤 사선엮기를 1회 한다.

b의 위에 a를, e의 위에 f를 교차시킨다. a, f를 중심끈으로 해서 b, e로 사선엮기를 1회씩 한다. f를 중심끈으로 해서 a로 뒤 사선엮기를 1회 한다.

b, f, a, e의 끝을 0.2cm 남기고 자른 다음, 불로 녹여 고정해서 마무리하면 고리 완성.

POINT LESSON

프레임매듭
(응용~더블)

기본 프레임매듭의 위에 겹쳐서 레이스엮기를 1단 입히는 매듭법이다. 테두리 장식으로 이용된다. 이 책에서는 p.19~22~24, p.25~33의 작품에 사용했다.

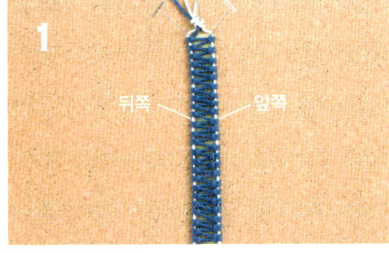

엮는끈 A, B로 p.26-1~p.27-11과 같은 방법으로 프레임매듭을 지정된 횟수까지 묶는다. ※나중에 추가하는 끈을 끼우기 위해, 프레임매듭의 간격을 벌려둔다.

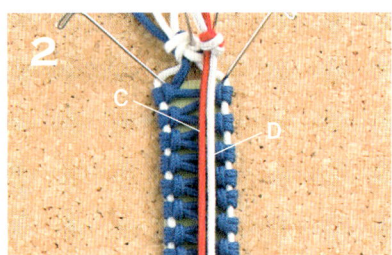

엮는끈 C와 D의 위 끝을 15cm 남기고 2줄을 맞춰서 임시 한매듭을 한다. 오른쪽에 맞추고 임시 한매듭에 핀을 꽂는다.

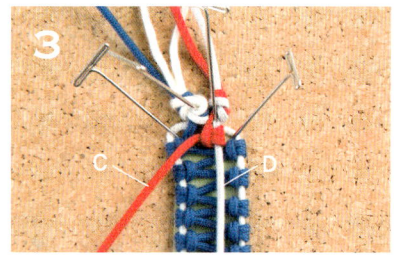

D를 중심끈으로 해서 C로 왼쪽 레이스엮기를 1회 한다.

C를 사진처럼 프레임매듭의 가로 끈 2줄 아래로 빼낸다.

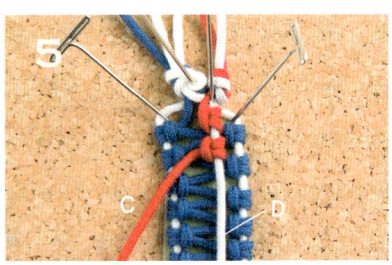

D를 중심끈으로 해서 C로 왼쪽 레이스엮기를 1회 한다.

4, 5를 끝까지 반복한다.

프레임매듭(더블) 펜던트

사이즈…목 둘레 최대 약 60cm

33 재료

마이크로 마크라메 코드
(프레임)
엮는끈 A 그레이(1457) 220cm×1줄
엮는끈 B 그레이(1457) 120cm×1줄
엮는끈 C 브라운(1453) 120cm×1줄
엮는끈 D 브라운(1453) 50cm×1줄
(목걸이)
진한 회색(1462) 100cm×4줄
파워스톤
드롭형 카보숑 레인보우 플로라이트(AC1536) 1개
앤티크 골드 퓨터 (AC432) 1개
브라스 비즈 (AC1132) 2개

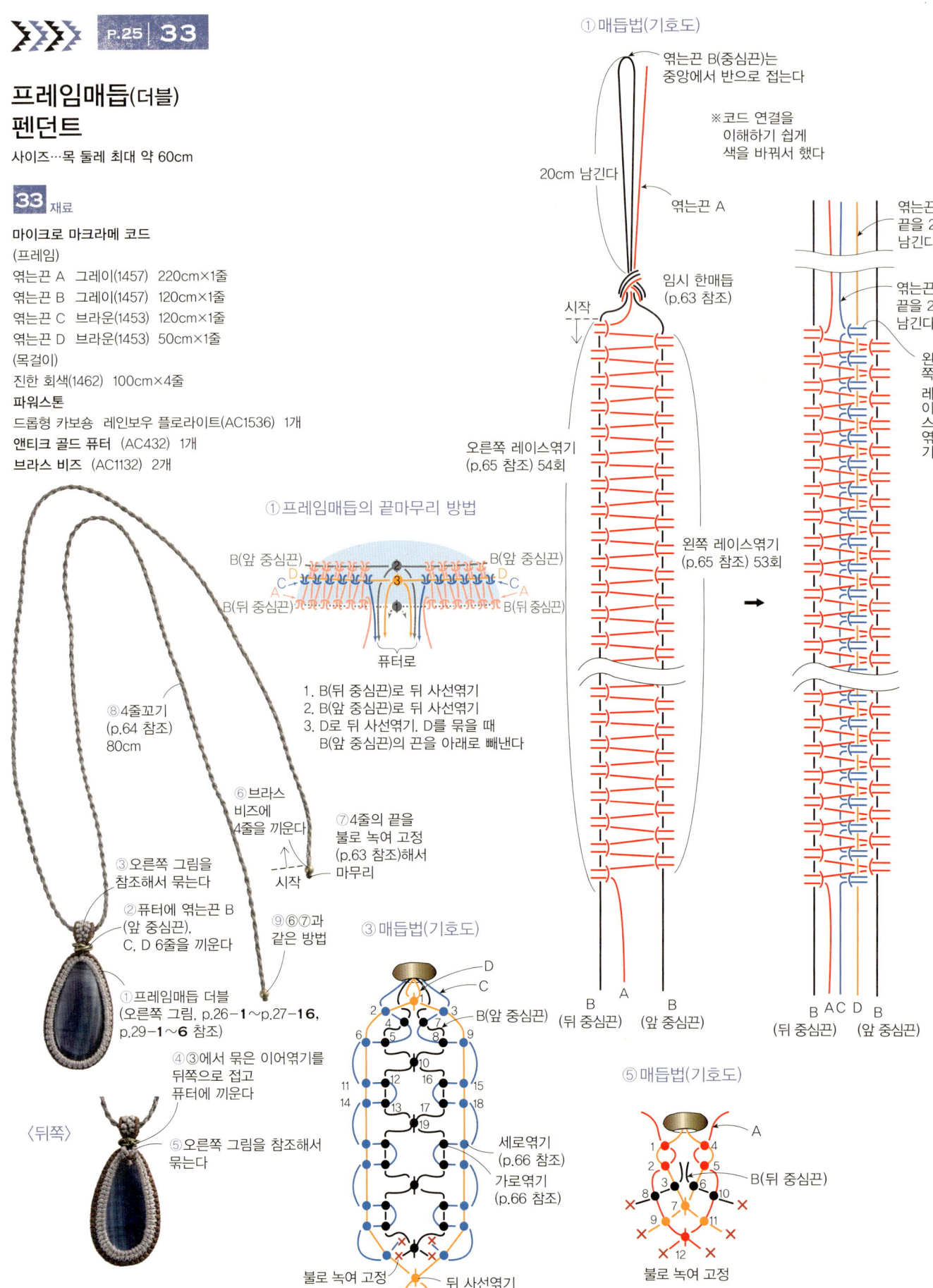

⑧4줄꼬기
(p.64 참조)
80cm

⑥브라스
비즈에
4줄을 끼운다

⑦4줄의 끝을
불로 녹여 고정
(p.63 참조)해서
마무리

시작

⑨⑥⑦과
같은 방법

③오른쪽 그림을
참조해서 묶는다

②퓨터에 엮는끈 B
(앞 중심끈),
C, D 6줄을 끼운다

①프레임매듭 더블
(오른쪽 그림, p.26-**1**〜p.27-**16**,
p.29-**1**〜**6** 참조)

④③에서 묶은 이어엮기를
뒤쪽으로 접고
퓨터에 끼운다

⑤오른쪽 그림을 참조해서
묶는다

〈뒤쪽〉

① 매듭법(기호도)

엮는끈 B(중심끈)는
중앙에서 반으로 접는다

※코드 연결을
이해하기 쉽게
색을 바꿔서 했다

20cm 남긴다

엮는끈 A

임시 한매듭
(p.63 참조)

시작

오른쪽 레이스엮기
(p.65 참조) 54회

왼쪽 레이스엮기
(p.65 참조) 53회

B   A
(뒤 중심끈) (앞 중심끈)
B
(앞 중심끈)

엮는끈 D
끝을 20cm
남긴다

엮는끈 C
끝을 20cm
남긴다

왼쪽
레이스엮기

B A C D   B
(뒤 중심끈) (앞 중심끈)

① 프레임매듭의 끝마무리 방법

B(앞 중심끈)
D
C
A
B(뒤 중심끈)

③

B(앞 중심끈)
D
C
A
B(뒤 중심끈)

퓨터로

1. B(뒤 중심끈)로 뒤 사선엮기
2. B(앞 중심끈)로 뒤 사선엮기
3. D로 뒤 사선엮기. D를 묶을 때
   B(앞 중심끈)의 끈을 아래로 빼낸다

③ 매듭법(기호도)

D
C
B(앞 중심끈)
2 1 3
4 5
6 7 8
9
10
11 12 16 15
14 13 17 18
19

세로엮기
(p.66 참조)
가로엮기
(p.66 참조)

불로 녹여 고정
뒤 사선엮기
(p.67 참조)

⑤ 매듭법(기호도)

A
1 4
2 5
3 6
8 7 10
9 11
12

B(뒤 중심끈)

불로 녹여 고정

프레임매듭(장식)
펜던트

사이즈…목 둘레 최대 약 60cm

34 재료

마이크로 마크라메 코드
(프레임)
엮는끈 A　라이트 그레이(1456)　130cm×1줄
엮는끈 B　라이트 그레이(1456)　100cm×1줄
엮는끈 C　그레이(1457)　20cm×24줄
엮는끈 D　그레이(1457)　35cm×2줄
엮는끈 E　진회색(1462)　70cm×1줄
(목걸이)
그레이(1457)　100cm×4줄
파워스톤
카보숑 타입　소달라이트(AC1154)　1개
카렌 실버　(AC772)　1개
브라스 비즈　(AC1132)　2개

※코드 연결을 이해하기 쉽게
색을 바꿔서 했다

① 매듭법(기호도)

엮는끈 B(중심끈)는
중앙에서 반으로
접는다

A(★)

15cm 남긴다

10cm
남긴다

임시 한매듭
(p.63 참조)

C

세로엮기
(p.66, 68 참조)

가로엮기
(p.66, 68
참조)

왼쪽 레이스엮기
(p.65 참조) 24회

오른쪽 레이스엮기
(p.65 참조) 25회

〈뒤쪽〉

B　　A D E D　　B
(뒤 중심끈) ☆　　　　(앞 중심끈)

① 프레임매듭의 끝마무리 방법

※D 2줄, E 2줄은 프레임매듭의
장식이 끝나면 마무리한다

B
(뒤 중심끈)
B
(앞 중심끈)

B(앞 중심끈)　　　　　B(앞 중심끈)
B(뒤 중심끈)　　　　　B(뒤 중심끈)

A　D D　A
× ♡ ♥ ×
☆ ♡ ♥ ★

1. B(뒤 중심끈)로 뒤 사선엮기
2. B(앞 중심끈)로 뒤 사선엮기
3. D로 뒤 사선엮기
4.5. E로 각각 세로엮기를 하고,
　　끝을 불로 녹여 고정해서 마무리
6.7. D로 각각 가로엮기를 하고,
　　끝을 불로 녹여 고정해서 마무리
8. D로 뒤 사선엮기

② 매듭법(기호도)

계속해서 B로 묶고, 도중에 D 2줄
A 2줄로 묶어서 고리 모양을 만든다

B(뒤 중심끈)　B(앞 중심끈)　B(뒤 중심끈)

라인매듭(p.68 참조)

카렌 실버를 끼운다

뒤 사선엮기(p.67 참조)

D(♡)　　D(♥)
A　　　　　A
(☆)　　　(★)

불로 녹어 고정

사선엮기
(p.66, 67 참조)

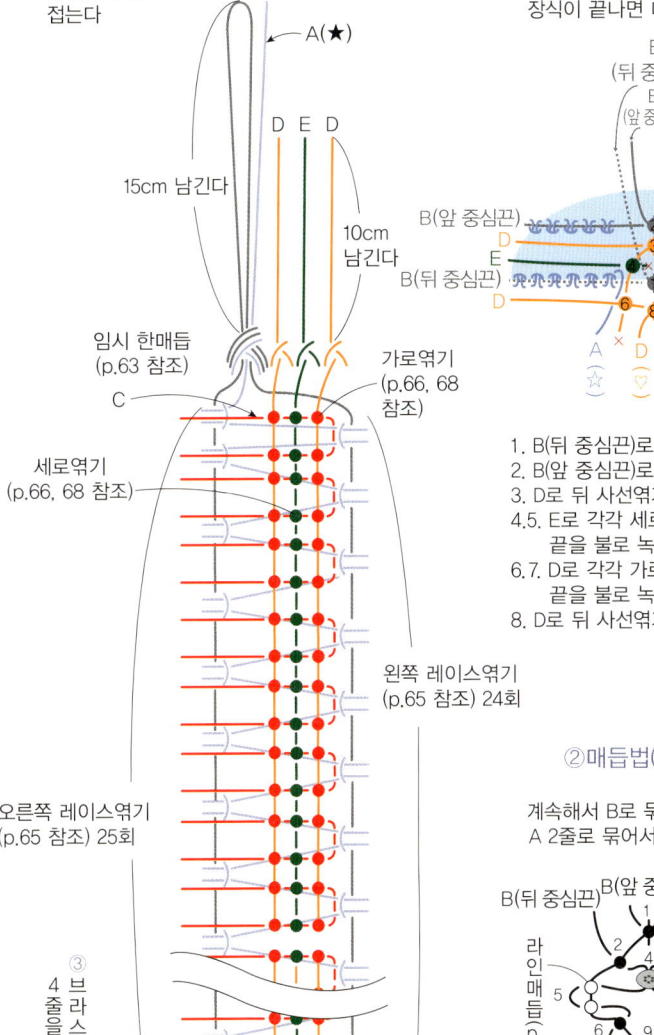

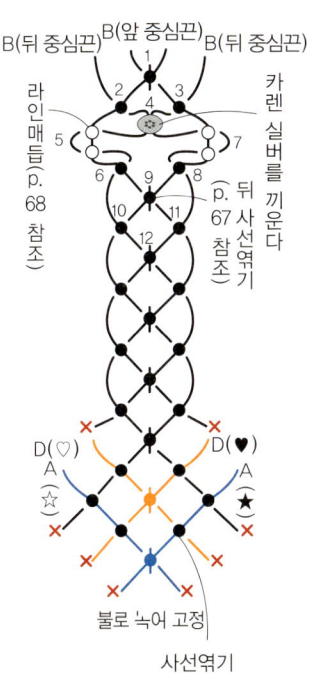

⑤ 4줄꼬기
(p.64 참조)
80cm

⑥ ③④와
같은 방법

시작

③ 브라스 비즈에 4줄을 끼운다

④ 4줄의 끝을
불로 녹여 고정
(p.63 참조)해서
마무리

② 오른쪽 그림을 참조해서
묶는다

① 프레임매듭 장식
(오른쪽 그림, p.26-**1**~p.27-**16**,
p.68 참조)

36

35

라인매듭
펜던트 & 귀걸이

절묘한 투톤 컬러로 신비로운
구름무늬 모티프가 매력적인
목걸이와 귀걸이 세트.

>>>> DESIGN ▶ anudo
HOW TO MAKE ▶ 35/p.36
36/p.37

레이스엮기
목걸이

코드로 엮은 작은 잎사귀
모티프와 장미 장식을 매치한
여성스런 목걸이.

DESIGN ▸ 마츠다 사와
HOW TO MAKE ▸ p.38

37

반지
RING

몇 개씩 갖고 있어도 좋을 만한 매듭 반지를 소개한다. 색상만 바꿔서 여러 개 만들어보자.

이어엮기 반지

예쁜 그러데이션 색으로
개성 있게 디자인한 반지.
마음에 드는 컬러를 선택해보자.

DESIGN ▶ tama5
HOW TO MAKE ▶ p.39

42

41

39

40

38

이어엮기 반지

레이스처럼 섬세한 매듭코에
메탈 비즈가 반짝이는 여성스러운 반지.
겹쳐 끼어도 멋스럽다.

DESIGN ▶ marchen-art studio
HOW TO MAKE ▶ p.55

45

44

43

라인매듭 펜던트

사이즈…목 둘레 최대 약 90cm

35 재료

마이크로 마크라메 코드
(모티프)
엮는끈 A 카키(1452) 60cm×4줄
엮는끈 B 그레이(1457) 60cm×4줄
(목걸이)
엮는끈 C 베이지(1455) 120cm×3줄
엮는끈 D 베이지(1455) 30cm×1줄
파워스톤
구슬형 8mm 로도나이트(AC393) 1개
브라스 비즈 (AC1134) 4개
메탈 비즈
3mm 골드(AC1427) 6개
C링 A 5.5×6.5mm 골드 1개
C링 B 3.5×5mm 골드 1개
O링 4mm 골드 1개

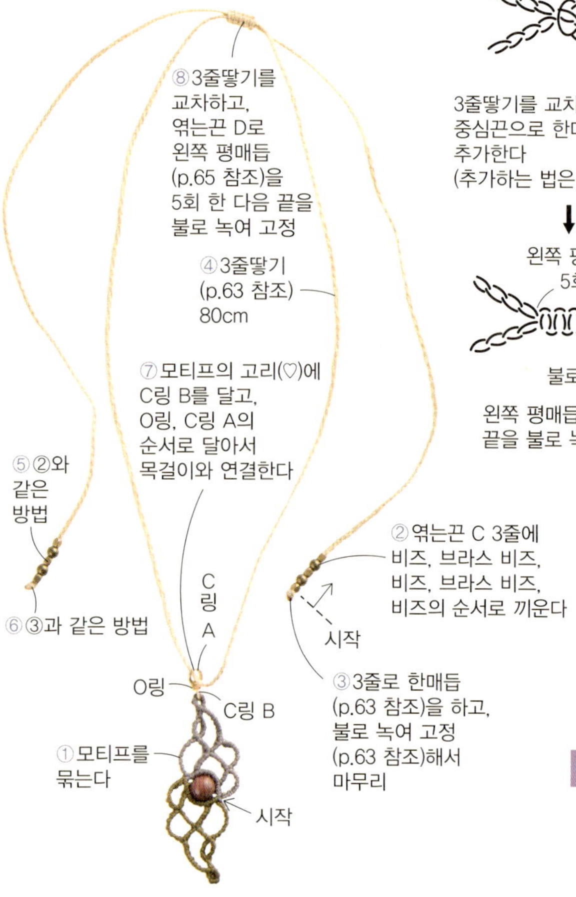

O링 다는 법

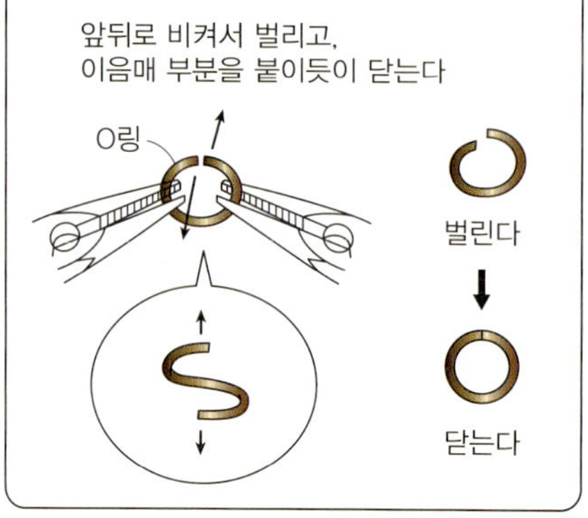

앞뒤로 비켜서 벌리고,
이음매 부분을 붙이듯이 닫는다

O링

벌린다

닫는다

① 모티프 매듭법(기호도)

엮는끈 A, B를 위로 25cm 남기고 매듭을 시작한다

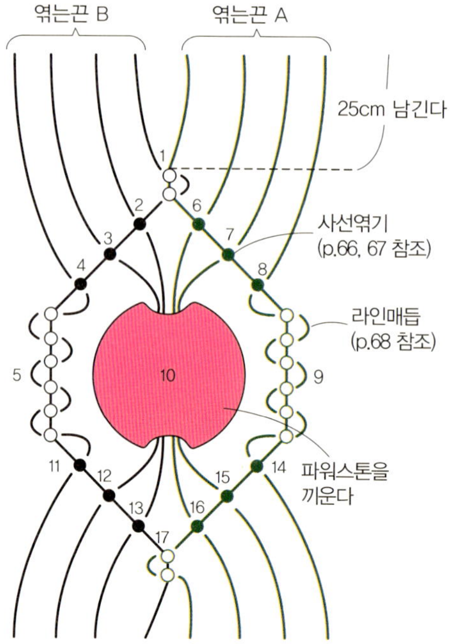

엮는끈 B　　엮는끈 A

25cm 남긴다

사선엮기
(p.66, 67 참조)

라인매듭
(p.68 참조)

파워스톤을
끼운다

방향을 90도 바꾼다

⑧ 고정하는 법

3줄땋기를 교차시켜 겹치고
중심끈으로 한다. 엮는끈 D를
추가한다
(추가하는 법은 p.65 참조)

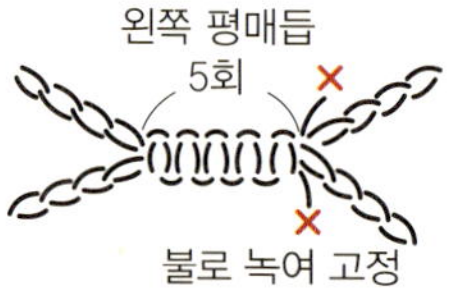

왼쪽 평매듭
5회

불로 녹여 고정

왼쪽 평매듭을 5회 하고,
끝을 불로 녹여 고정해서 마무리

※코드 연결을 이해하기 쉽게 색을 바꿔서 했다

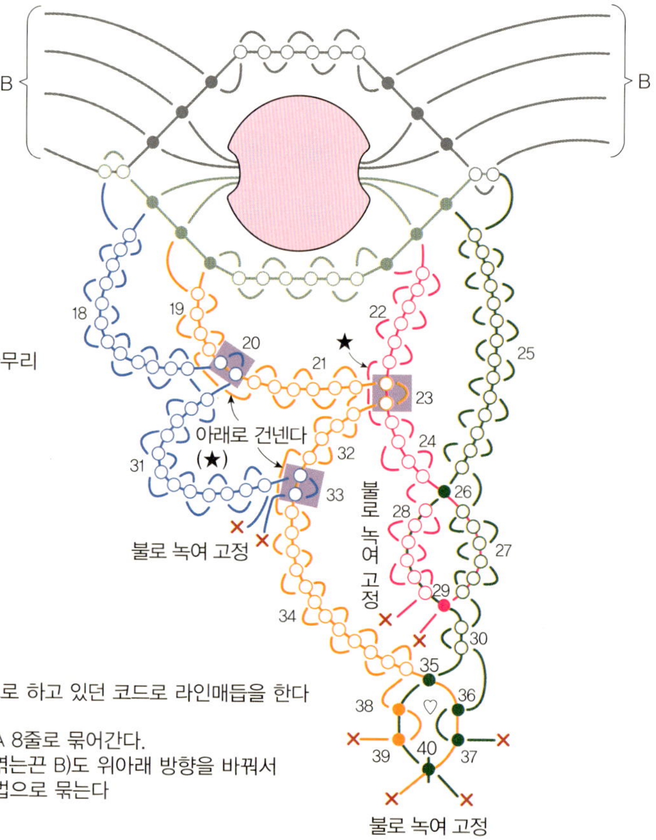

⑧3줄땋기를
교차하고,
엮는끈 D로
왼쪽 평매듭
(p.65 참조)을
5회 한 다음 끝을
불로 녹여 고정

④3줄땋기
(p.63 참조)
80cm

⑦모티프의 고리(♡)에
C링 B를 달고,
O링, C링 A의
순서로 달아서
목걸이와 연결한다

⑤②와
같은
방법

⑥③과 같은 방법

②엮는끈 C 3줄에
비즈, 브라스 비즈,
비즈, 브라스 비즈,
비즈의 순서로 끼운다

C
링
A

O링

시작

C링 B

①모티프를
묶는다

시작

③3줄로 한매듭
(p.63 참조)을
하고, 불로 녹여 고정
(p.63 참조)해서
마무리

아래로 건넨다
(★)

불로 녹여 고정

불로 녹여 고정

불로 녹여 고정

불로 녹여 고정

는 중심끈으로 하고 있던 코드로 라인매듭을 한다

※엮는끈 A 8줄로 묶어간다.
반대쪽(엮는끈 B)도 위아래 방향을 바꿔서
같은 방법으로 묶는다

라인매듭 귀걸이

모티프 사이즈…약 3.5cm

 재료(1쌍)

마이크로 마크라메 코드
엮는끈 A 카키(1452) 60cm×4줄
엮는끈 B 그레이(1457) 60cm×4줄
파워스톤
구슬형 8mm 로도나이트(AC393) 2개
귀걸이 금속 약 15mm 골드 1쌍

② 모티프의 고리(♡)에
귀걸이 금속을 끼운다

① 엮는끈 B로
모티프를 묶는다

시작

시작

① 엮는끈 A로
모티프를 묶는다

① 모티프 매듭법(기호도)

※코드 연결을 이해하기 쉽게 색을 바꿔서 했다

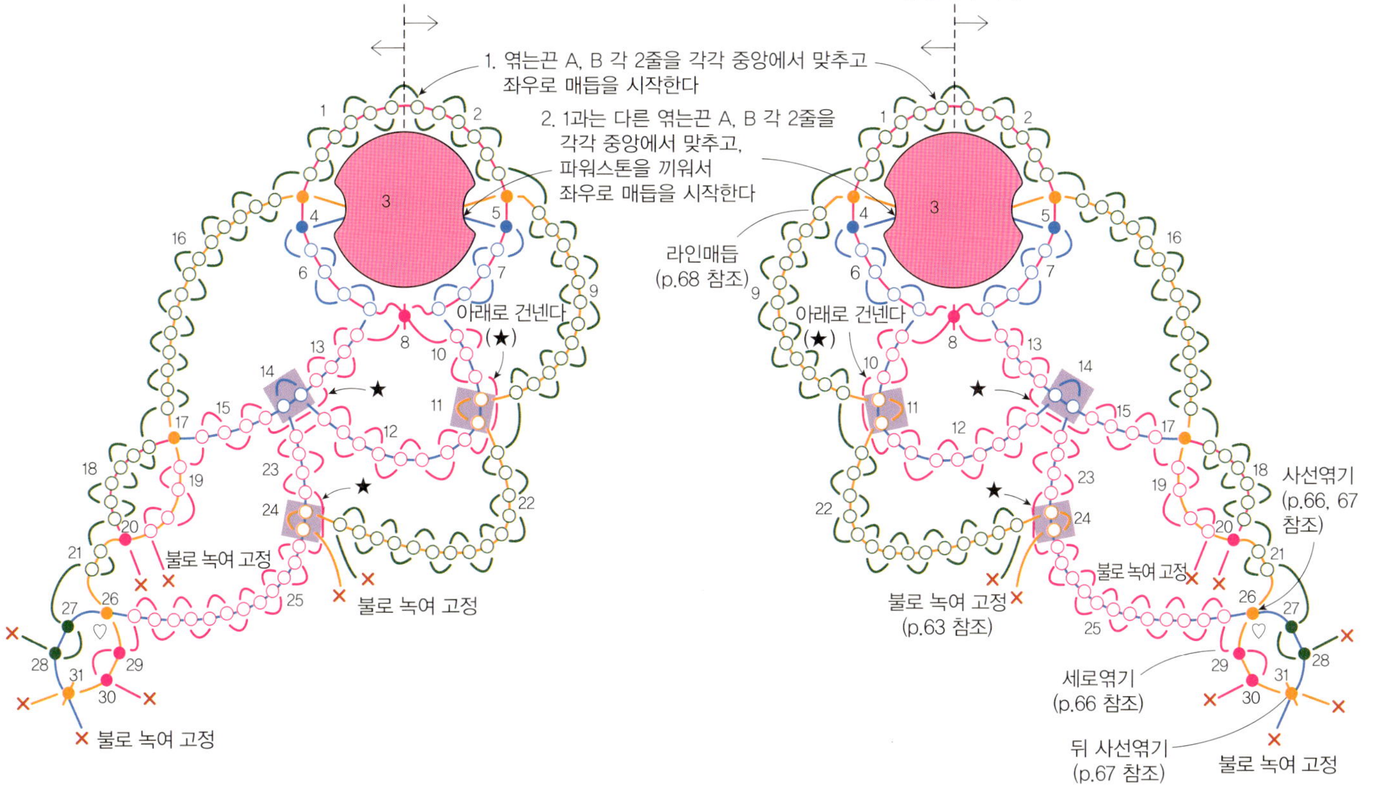

※엮는끈 A 4줄을 사용해서 묶는다
중앙에서 시작

※엮는끈 B 4줄을 사용해서 묶는다
중앙에서 시작

1. 엮는끈 A, B 각 2줄을 각각 중앙에서 맞추고
좌우로 매듭을 시작한다

2. 1과는 다른 엮는끈 A, B 각 2줄을
각각 중앙에서 맞추고,
파워스톤을 끼워서
좌우로 매듭을 시작한다

라인매듭
(p.68 참조)

아래로 건넨다
(★)

아래로 건넨다
(★)

불로 녹여 고정

불로 녹여 고정
(p.63 참조)

사선엮기
(p.66, 67
참조)

불로 녹여 고정

세로엮기
(p.66 참조)

불로 녹여 고정

뒤 사선엮기
(p.67 참조)

불로 녹여 고정

는 중심끈으로 하고 있던 코드로 라인매듭을 한다

37

레이스엮기
목걸이

사이즈…목 둘레 약 50cm

37 재료

스테인리스 코드(0.8mm 타입)
엮는끈 A New 골드(715) 260cm×1줄
스테인리스 코드(1.5mm 타입)
엮는끈 B New 골드(715) 50cm×1줄
메탈 장식 로즈(AC1484) 4개
잠금 장식 골드(G1027) 1쌍

⑧ 엮는끈 A를 B에
휘감는다. 45cm 길이에서
잠금 장식을 단다

⑤ ③과 같은 방법으로
4회 반복한다

2.5cm

2.5cm

2.5cm

2.5cm

2.5cm

④ ②와 같은
방법으로
묶는다

2.5cm

③ 장식 바로 옆으로
1.5cm의 고리를 만들어
중심끈으로 하고,
오른쪽 레이스엮기 10회

2.5cm

② 2.5cm 띄어서 장식을
오른쪽 레이스엮기 1회로
연결한다

⑦ ③~⑤를
왼쪽 레이스엮기
10회로 해서 묶는다

⑦ 매듭법

중심끈을 당겨서
조인다

2.5cm

1.5cm의 고리를 만들어
중심끈으로 하고,
왼쪽 레이스엮기 10회

중심끈을 당겨서
고리를 조인다

10회

2.5cm

중앙에서
시작

① 엮는끈 A를 중앙에서 반으로 접고,
1.5cm의 고리를 만들어 중심끈으로 하고,
오른쪽 레이스엮기
(p.65 참조) 10회

⑥ 2.5cm 띄어서 장식을
왼쪽 레이스엮기
(p.65 참조) 1회로
연결한다

① 매듭법

중앙 핀

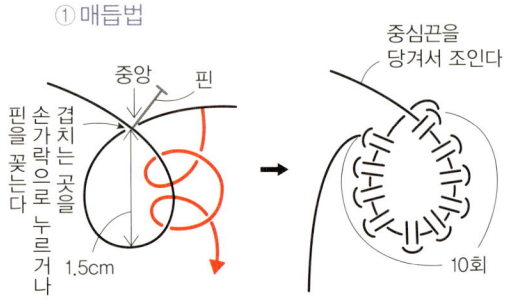

중심끈을
당겨서 조인다

겹치는 곳을
손가락으로 누르거나
핀을 꽂는다

1.5cm

10회

1.5cm의 고리를 만들어 중심끈으로
하고, 오른쪽 레이스엮기를 10회 한다

중심끈을 당겨서
고리를 조인다

②⑥장식 연결 방법

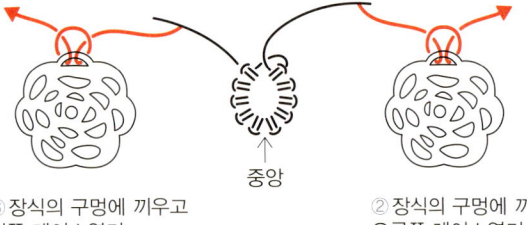

중앙

⑥ 장식의 구멍에 끼우고
왼쪽 레이스엮기
1회

② 장식의 구멍에 끼우고
오른쪽 레이스엮기
1회

③ 매듭법

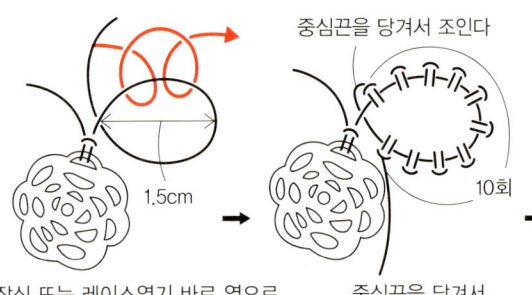

중심끈을 당겨서 조인다

2.5cm

1.5cm

10회

장식 또는 레이스엮기 바로 옆으로
1.5cm의 고리를 만들어 중심끈으로 하고,
오른쪽 레이스엮기 10회

중심끈을 당겨서
고리를 조인다

2.5cm의 간격이
생긴다

⑧ 잠금 장식 연결 방법

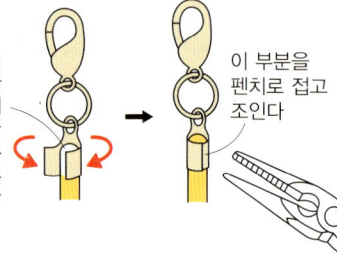

접착제를 바른다

이 부분을
펜치로 접고
조인다

펜치

이어엮기 반지

사이즈…손가락 둘레 약 7cm

38 재료

마이크로 마크라메 코드
엮는끈 A 감청색(1460) 80cm×1줄
엮는끈 B 검붉은색(1445) 50cm×1줄
엮는끈 C 라이트 브라운(1454) 40cm×1줄
엮는끈 D 로즈 그레이(1461) 30cm×1줄
엮는끈 E 블루(1448) 20cm×1줄
중심끈 감청색(1460) 80cm×1줄

39 재료

마이크로 마크라메 코드
엮는끈 A 마젠타(1446) 80cm×1줄
엮는끈 B 옥색(1459) 50cm×1줄
엮는끈 C 화이트(1441) 40cm×1줄
엮는끈 D 옐로우(1442) 30cm×1줄
엮는끈 E 퍼플(1447) 20cm×1줄
중심끈 마젠타(1446) 80cm×1줄

40 재료

마이크로 마크라메 코드
엮는끈 A 옐로우(1442) 80cm×1줄
엮는끈 B 오렌지(1443) 50cm×1줄
엮는끈 C 마살라 차이(1464) 40cm×1줄
엮는끈 D 마젠타(1446) 30cm×1줄
엮는끈 E 레드(1444) 20cm×1줄
중심끈 옐로우(1442) 80cm×1줄

41 재료

마이크로 마크라메 코드
엮는끈 A 옥색(1459) 80cm×1줄
엮는끈 B 마살라 차이(1464) 50cm×1줄
엮는끈 C 오렌지(1443) 40cm×1줄
엮는끈 D 터쿼이즈(1449) 30cm×1줄
엮는끈 E 블루(1448) 20cm×1줄
중심끈 옥색(1459) 80cm×1줄

42 재료

마이크로 마크라메 코드
엮는끈 A 진회색(1462) 80cm×1줄
엮는끈 B 라이트 브라운(1454) 50cm×1줄
엮는끈 C 그린(1451) 40cm×1줄
엮는끈 D 퍼플(1447) 30cm×1줄
엮는끈 E 마젠타(1446) 20cm×1줄
중심끈 진회색(1462) 80cm×1줄

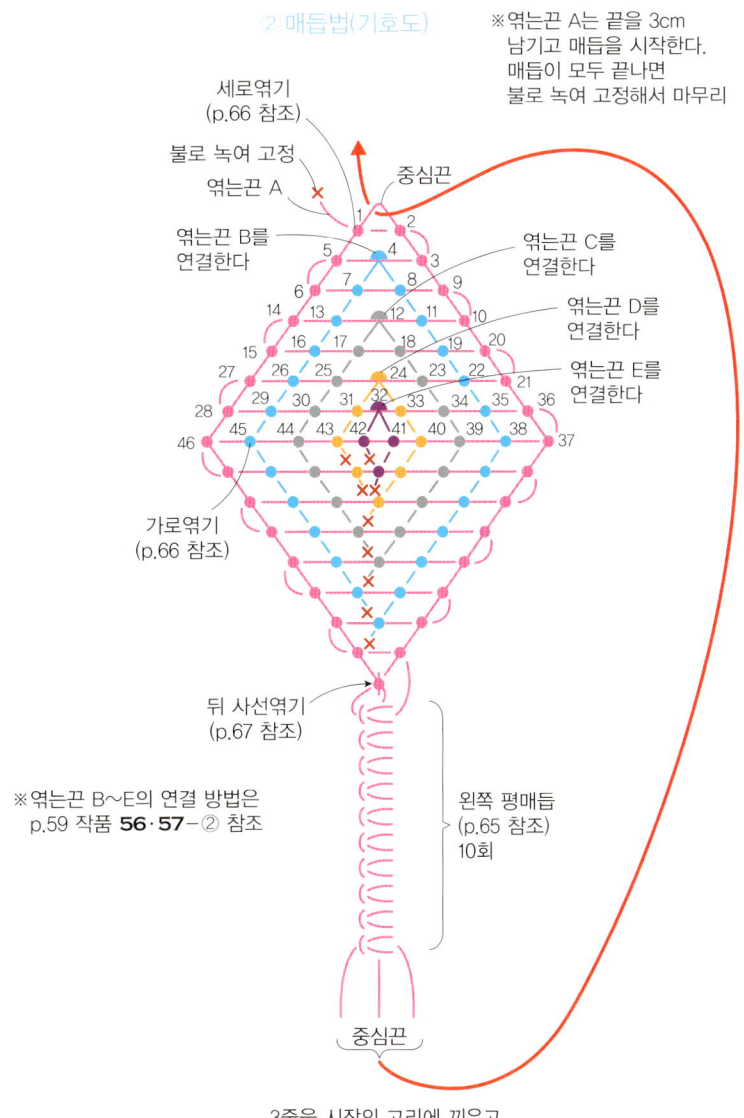

③ 3줄을 시작의 고리에 끼우고, 되접어서 평매듭 1회분의 간격을 벌린다. 끼운 3줄과 되접은 1줄로 4줄의 중심끈을 만들어 오른쪽 평매듭(p.65 참조)을 1회 하고, 끝을 불로 녹여 고정(p.63 참조)해서 마무리

시작

① 중심끈을 중앙에서 반으로 접는다

② 아래 그림을 참조해서 묶는다

③ 끝마무리 방법

3줄을 시작의 고리에 끼운다

평매듭 1회분을 벌린다

끼운 3줄과 되접은 1줄로 4줄의 중심끈을 만들어 오른쪽 평매듭 1회. 끝은 불로 녹여 고정해서 마무리(중심끈으로 한 1줄은 안쪽에서 불로 녹여 고정)

오른쪽 평매듭 1회

② 매듭법(기호도)

※엮는끈 A는 끝을 3cm 남기고 매듭을 시작한다. 매듭이 모두 끝나면 불로 녹여 고정해서 마무리

세로엮기 (p.66 참조)

불로 녹여 고정
엮는끈 A

중심끈

엮는끈 B를 연결한다

엮는끈 C를 연결한다

엮는끈 D를 연결한다

엮는끈 E를 연결한다

가로엮기 (p.66 참조)

뒤 사선엮기 (p.67 참조)

※엮는끈 B~E의 연결 방법은 p.59 작품 **56·57**-② 참조

왼쪽 평매듭 (p.65 참조) 10회

중심끈

3줄을 시작의 고리에 끼우고, 반지 모양(원통형)을 만든다

브로치와 헤어 액세서리, 열쇠고리를 소개한다. 다양하게
만들면서 마크라메를 즐겨보자.

49

47

48

46

카반돌리 워크
브로치

크로스, 눈 결정체, 달라호스, 왕관으로
클래식한 분위기의 모티프를 공들여 디자인했다.
마음에 드는 무늬부터 만들어보자.

DESIGN ▶ marchen-art studio
HOW TO MAKE ▶ p.56

50

51

프레임매듭
(싱글) 머리핀

존재감 있는 카보숑 파워스톤을
사용한 머리핀.
패션이나 헤어스타일의 포인트로 활용해보자.

DESIGN ▶ anudo
HOW TO MAKE ▶ p.58

41

이어엮기와
라인매듭 머리끈

편하게 멋을 살릴 수 있는
스퀘어 모티프의 머리끈은,
평상시 사용하기 딱 좋은 아이템.

52

53

DESIGN ▸ anudo
HOW TO MAKE ▸ p.43

이어엮기와
라인매듭 열쇠고리

파워스톤을 포인트로,
앤티크한 열쇠를 연상시키는
모티프의 열쇠고리.

55

54

DESIGN ▸ anudo
HOW TO MAKE ▸ p.59

이어엮기와 라인매듭 머리끈

모티프 사이즈…약 2.5cm

52 재료

마이크로 마크라메 코드
엮는끈 A 검붉은색(1445) 30cm×6줄
엮는끈 B 검붉은색(1445) 20cm×8줄
파워스톤
구슬형 8mm 타이거아이(AC293) 1개
머리끈 지름 5cm 1개

53 재료

마이크로 마크라메 코드
엮는끈 A 진회색(1462) 30cm×6줄
엮는끈 B 진회색(1462) 20cm×8줄
파워스톤
구슬형 8mm 애머시스트(AC396) 1개
머리끈 지름 5cm 1개

※코드 연결을 이해하기 쉽게
 색을 바꿔서 했다

〈앞쪽〉

① 모티프를 묶는다

시작 ---→

〈뒤쪽〉

② 고리를 묶는다

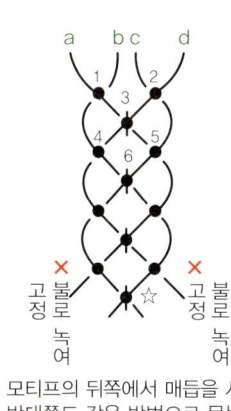

② 고리 매듭법(기호도)

a b c d

고정 로
불로
녹여

고정 로
불로
녹여

모티프의 뒤쪽에서 매듭을 시작한다.
반대쪽도 같은 방법으로 묶는다

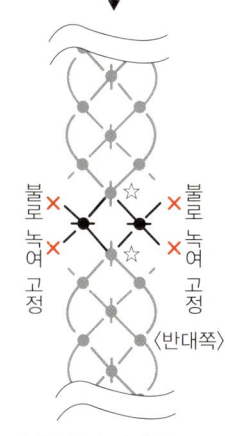

불로
녹여
고정

불로
녹여
고정

〈반대쪽〉

반대쪽 끝과 맞대서
고리를 만들고, 머리끈을
고리에 끼우고서 묶는다

① 모티프 매듭법(기호도)

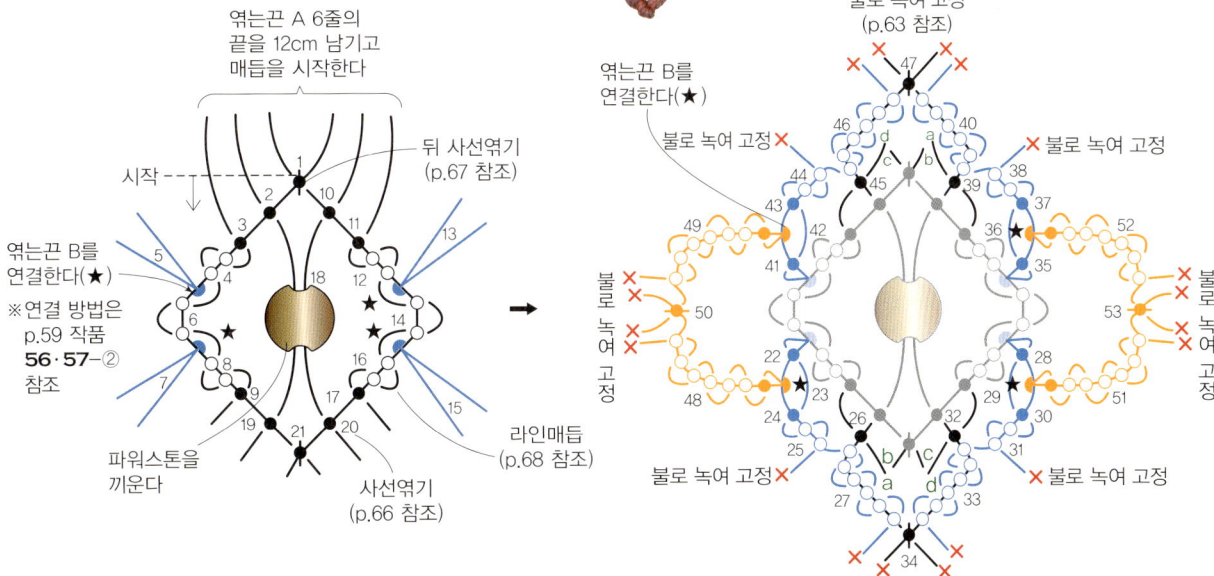

엮는끈 A 6줄의
끝을 12cm 남기고
매듭을 시작한다

시작 ---→

뒤 사선엮기
(p.67 참조)

엮는끈 B를
연결한다(★)

※연결 방법은
p.59 작품
56·57-②
참조

파워스톤을
끼운다

사선엮기
(p.66 참조)

라인매듭
(p.68 참조)

엮는끈 B를
연결한다(★)

불로 녹여 고정
(p.63 참조)

불로 녹여 고정

불로 녹여 고정

불로 녹여 고정

불로 녹여 고정

불로
녹여
고정

불로
녹여
고정

불로 녹여 고정

※코드의 끝(a~d)은 불로 녹여 고정하지 않는다.
35~53은 방향을 바꾸면서 묶는다

43

귀걸이
PIERCE

패션의 원 포인트로 즐길 수 있는 다양한 스타일의
귀걸이를 소개한다.

57

56

이어엮기와
라인매듭 귀걸이

타원형의 브라스 비즈를 코드로 감싸서
우아한 인상을 주는 크로스 모티프 귀걸이.

DESIGN ▶ tama5
HOW TO MAKE ▶ p.59

58

59

이어엮기 귀걸이

새의 날개처럼 같은 모양으로 가볍게 찰랑거리는
캐주얼한 귀걸이.
컬러풀한 체크무늬가 포인트.

DESIGN ▶ tama5
HOW TO MAKE ▶ p.60

60

61

이어엮기 귀걸이

마름모꼴로 색을 나눈
원주민풍 귀걸이.
프린지를 달아 귀엽게 연출했다.

DESIGN ▶ tama5
HOW TO MAKE ▶ p.60

62

63

이어엮기와
라인매듭 귀걸이

작은 잎사귀가 연결된 보태니컬한 귀걸이.
차분한 레드와 캐주얼한 분위기의 그린
두 색상을 소개한다.

DESIGN ▶ anudo
HOW TO MAKE ▶ p.47

레이스엮기
귀걸이

나비같이 여성적이고
섬세한 모티프에
비즈와 자갈을 더해
완성했다.

DESIGN ▶ marchen-art studio
HOW TO MAKE ▶ p.61

64

65

이어엮기와 라인매듭 귀걸이

모티프 사이즈…약 4.5cm

62 재료(1쌍)

마이크로 마크라메 코드
엮는끈 A 브라운(1453) 50cm×2줄
엮는끈 B 검붉은색(1445) 40cm×2줄
엮는끈 C 검붉은색(1445) 60cm×4줄
브라스 비즈 (AC1132) 6개
귀걸이 금속 골드(AC1664) 1쌍
C링 5.5×6.5mm 골드 2개
O링 3mm 골드 10개

63 재료(1쌍)

마이크로 마크라메 코드
엮는끈 A 브라운(1453) 50cm×2줄
엮는끈 B 그린(1451) 40cm×2줄
엮는끈 C 그린(1451) 60cm×4줄
브라스 비즈 (AC1132) 6개
귀걸이 금속 골드(AC1664) 1쌍
C링 5.5×6.5mm 골드 2개
O링 3mm 골드 10개

③①의 고리(♡)에 C링을 달고, O링 5개, 귀걸이 금속을 단다.

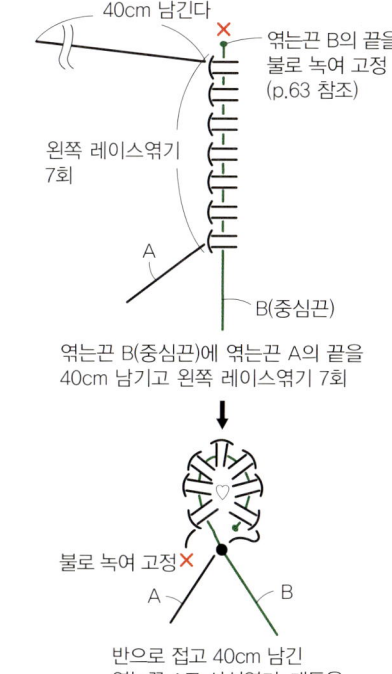

O링 5개
C링

시작

② 아래 그림을 참조해서 모티프를 묶는다

① 엮는끈 A와 B 2줄로 왼쪽 레이스엮기 (p.65 참조)를 7회 하고, 반으로 접어서 사선엮기(p.66 참조) 1회

② 모티프 매듭법(기호도)
※코드 연결을 이해하기 쉽게 색을 바꿔서 했다

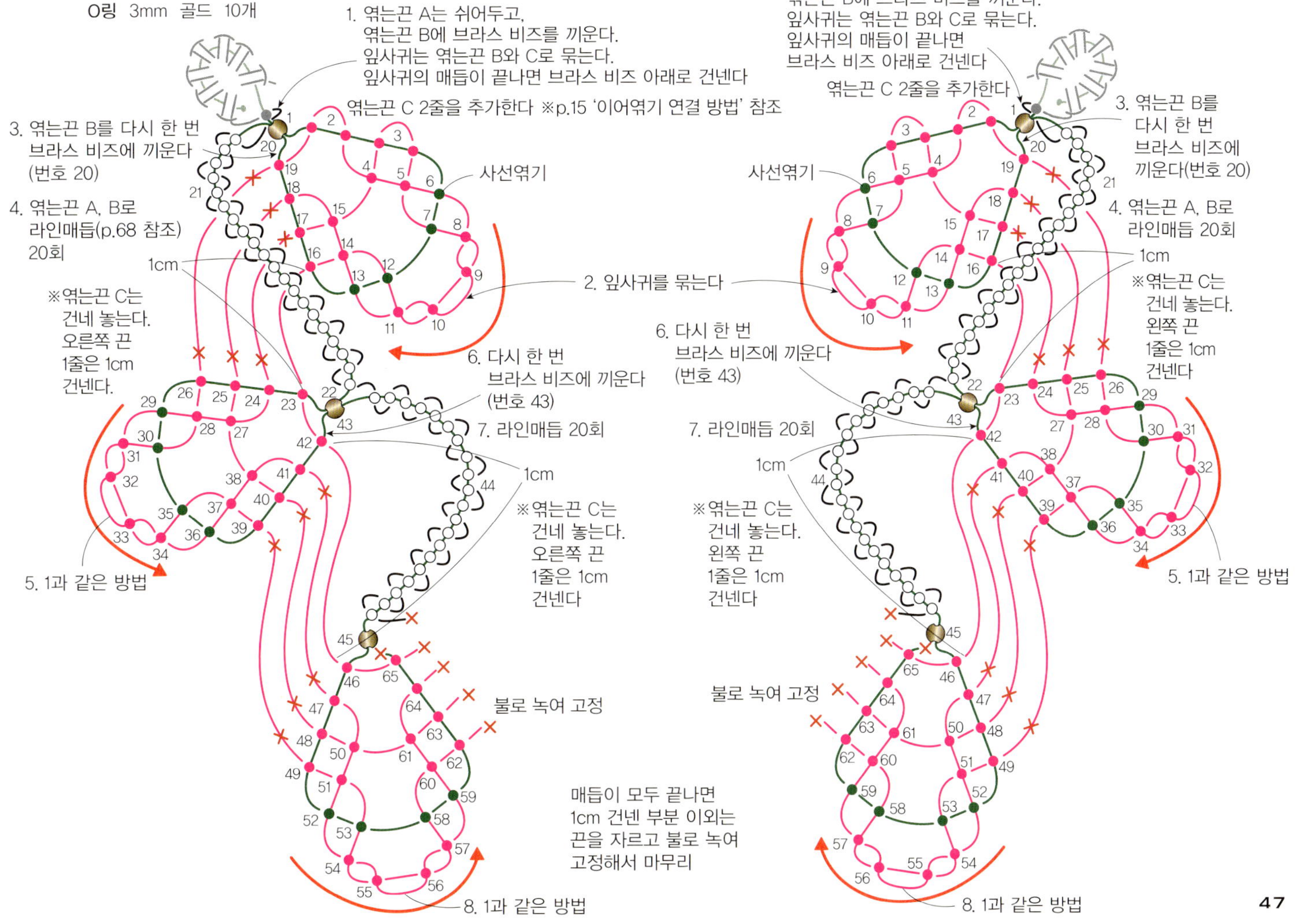

① 시작 방법

40cm 남긴다

엮는끈 B의 끝을 불로 녹여 고정 (p.63 참조)

왼쪽 레이스엮기 7회

A

B(중심끈)

엮는끈 B(중심끈)에 엮는끈 A의 끝을 40cm 남기고 왼쪽 레이스엮기 7회

불로 녹여 고정

A   B

반으로 접고 40cm 남긴 엮는끈 A로 사선엮기. 매듭을 했던 쪽의 끈은 불로 녹여 고정

---

1. 엮는끈 A는 쉬어두고, 엮는끈 B에 브라스 비즈를 끼운다. 잎사귀는 엮는끈 B와 C로 묶는다. 잎사귀의 매듭이 끝나면 브라스 비즈 아래로 건넨다
엮는끈 C 2줄을 추가한다 ※p.15 '이어엮기 연결 방법' 참조

3. 엮는끈 B를 다시 한 번 브라스 비즈에 끼운다 (번호 20)

4. 엮는끈 A, B로 라인매듭(p.68 참조) 20회

※엮는끈 C는 건네 놓는다. 오른쪽 끈 1줄은 1cm 건넨다.

사선엮기

2. 잎사귀를 묶는다

6. 다시 한 번 브라스 비즈에 끼운다 (번호 43)

7. 라인매듭 20회

5. 1과 같은 방법

1cm

※엮는끈 C는 건네 놓는다. 오른쪽 끈 1줄은 1cm 건넨다

불로 녹여 고정

매듭이 모두 끝나면 1cm 건넨 부분 이외는 끈을 자르고 불로 녹여 고정해서 마무리

8. 1과 같은 방법

---

1. 엮는끈 A는 쉬어두고, 엮는끈 B에 브라스 비즈를 끼운다. 잎사귀는 엮는끈 B와 C로 묶는다. 잎사귀의 매듭이 끝나면 브라스 비즈 아래로 건넨다
엮는끈 C 2줄을 추가한다

3. 엮는끈 B를 다시 한 번 브라스 비즈에 끼운다(번호 20)

4. 엮는끈 A, B로 라인매듭 20회

※엮는끈 C는 건네 놓는다. 왼쪽 끈 1줄은 1cm 건넨다

사선엮기

6. 다시 한 번 브라스 비즈에 끼운다 (번호 43)

7. 라인매듭 20회

1cm

※엮는끈 C는 건네 놓는다. 왼쪽 끈 1줄은 1cm 건넨다

5. 1과 같은 방법

불로 녹여 고정

8. 1과 같은 방법

이어엮기 & 뒤 레이스엮기
팔찌

사이즈…16＝손목 둘레 약 16cm, 17＝손목 둘레 약 18cm

16 재료

마이크로 마크라메 코드
엮는끈 A　그레이(1457)　270cm×1줄
엮는끈 B　그레이(1457)　100cm×1줄
헴프 트와인 가는 타입
엮는끈 C　레인보우(375)　120cm×1줄
브라스 비즈　(AC1134)　28개
　　　　　　　(AC1137)　1개

17 재료

마이크로 마크라메 코드
엮는끈 A　블랙(1458)　320cm×1줄
엮는끈 B　블랙(1458)　100cm×1줄
헴프 트와인 가는 타입
엮는끈 C　로즈(371)　120cm×1줄
브라스 비즈　(AC1134)　32개
　　　　　　　(AC1137)　1개

① 시작 방법

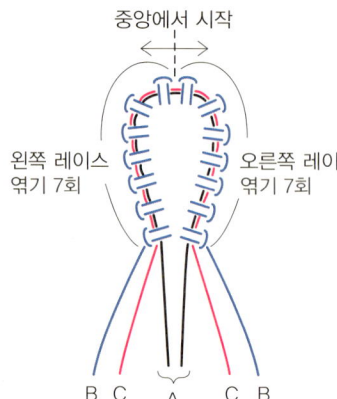

중앙에서 시작

왼쪽 레이스
엮기 7회

오른쪽 레이스
엮기 7회

B C　A　C B

②~④ 매듭법(기호도)

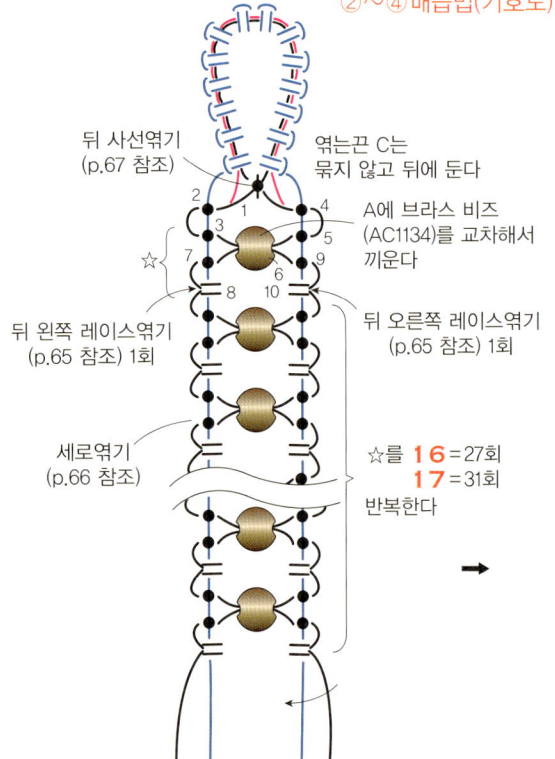

뒤 사선엮기
(p.67 참조)

엮는끈 C는
묶지 않고 뒤에 둔다

A에 브라스 비즈
(AC1134)를 교차해서
끼운다

뒤 왼쪽 레이스엮기
(p.65 참조) 1회

뒤 오른쪽 레이스엮기
(p.65 참조) 1회

세로엮기
(p.66 참조)

☆를 16＝27회
17＝31회
반복한다

A B　B A

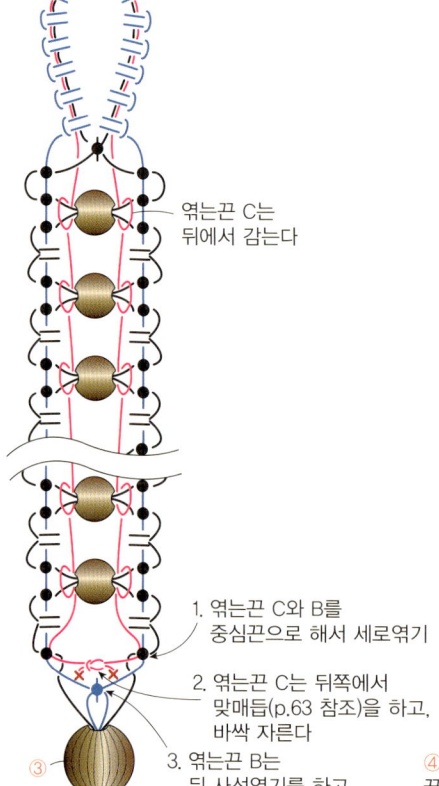

엮는끈 C는
뒤에서 감는다

1. 엮는끈 C와 B를
중심끈으로 해서 세로엮기

2. 엮는끈 C는 뒤쪽에서
맞매듭(p.63 참조)을 하고,
바싹 자른다

③

3. 엮는끈 B는
뒤 사선엮기를 하고
브라스 비즈
(AC1137)에 끼운다

④

불로 녹여 고정

시작

1cm

① 엮는끈 A~C를
중앙에서 맞추고
그림처럼
왼쪽 레이스엮기
(p.65 참조) 7회,
오른쪽 레이스엮기
(p.65 참조) 7회 하고,
반으로 접는다

② 오른쪽 그림을
참조해서 묶는다
16＝15cm
17＝17cm

③ A, B 4줄에
브라스 비즈
(AC1137)를
끼운다

④ 왼쪽 그림을 참조해서 묶고,
끝을 불로 녹여 고정
(p.63 참조)해서 마무리

프레임매듭(싱글)
팔찌

사이즈…손목 둘레 약 18~24cm

18 재료

마이크로 마크라메 코드
엮는끈 A 로즈 그레이(1461) 160cm×1줄
엮는끈 B 로즈 그레이(1461) 80cm×1줄
엮는끈 C 로즈 그레이(1461) 90cm×8줄
엮는끈 D 로즈 그레이(1461) 40cm×4줄
파워스톤
카보숑 타입 타이거아이(AC1153) 1개
브라스 비즈 (AC1132) 6개
             (AC1139) 1개

19 재료

마이크로 마크라메 코드
엮는끈 A 그레이(1457) 160cm×1줄
엮는끈 B 그레이(1457) 80cm×1줄
엮는끈 C 그레이(1457) 90cm×8줄
엮는끈 D 그레이(1457) 40cm×4줄
파워스톤
카보숑 타입 카넬리안(AC1152) 1개
브라스 비즈 (AC1132) 6개
             (AC1139) 1개

② 엮는끈 연결 방법

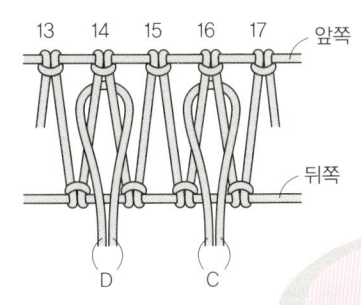

② 매듭법(기호도)

연결하는 위치는 프레임매듭
맨 마지막의 뒤 사선엮기를 『0』으로 세고,
거기부터 레이스엮기 19회째를
중앙으로 해서 좌우 1회씩 간격을 벌리면서
(14, 16, 18, 20, 22, 24회째) 연결한다.
반대쪽은 뒤 사선엮기를 중앙으로 해서
같은 방법으로 연결한다.

① 프레임매듭 끝마무리 방법

엮는끈 B(앞뒤 중심끈)를 각각 뒤 사선엮기 한 다음,
엮는끈 B(앞 중심끈)와 엮는끈 A 1줄씩으로 맞매듭
(p.63 참조)을 한다. 끝은 불로 녹여 고정해서 마무리
✕=불로 녹여 고정

④ 3줄땋기(p.63 참조)
6cm

⑥ 브라스 비즈
(AC1132)를 끼운다

⑦ 4줄로 한매듭
(p.63 참조)을 하고
불로 녹여 고정해서
마무리

⑤ 브라스 비즈
(AC1139)에 교차해서
끼운다

③ ②와 같은
방법으로 묶는다

② 엮는끈 C 4줄,
엮는끈 D 2줄을
연결한다. 오른쪽
그림을 참조해서묶는다
7cm

① 엮는끈 B의 중앙을 반으로 접고, 엮는끈 A의 끝을 10cm 남기고
3줄을 맞춰서 임시 한매듭(p.63 참조).
B를 중심끈으로 해서 프레임매듭(p.26-1~p.27-16 참조).
오른쪽 레이스엮기(뒤쪽) 39회, 왼쪽 레이스엮기(앞쪽) 38회 하고,
파워스톤을 가로 방향으로 넣은 다음 끝마무리를 한다

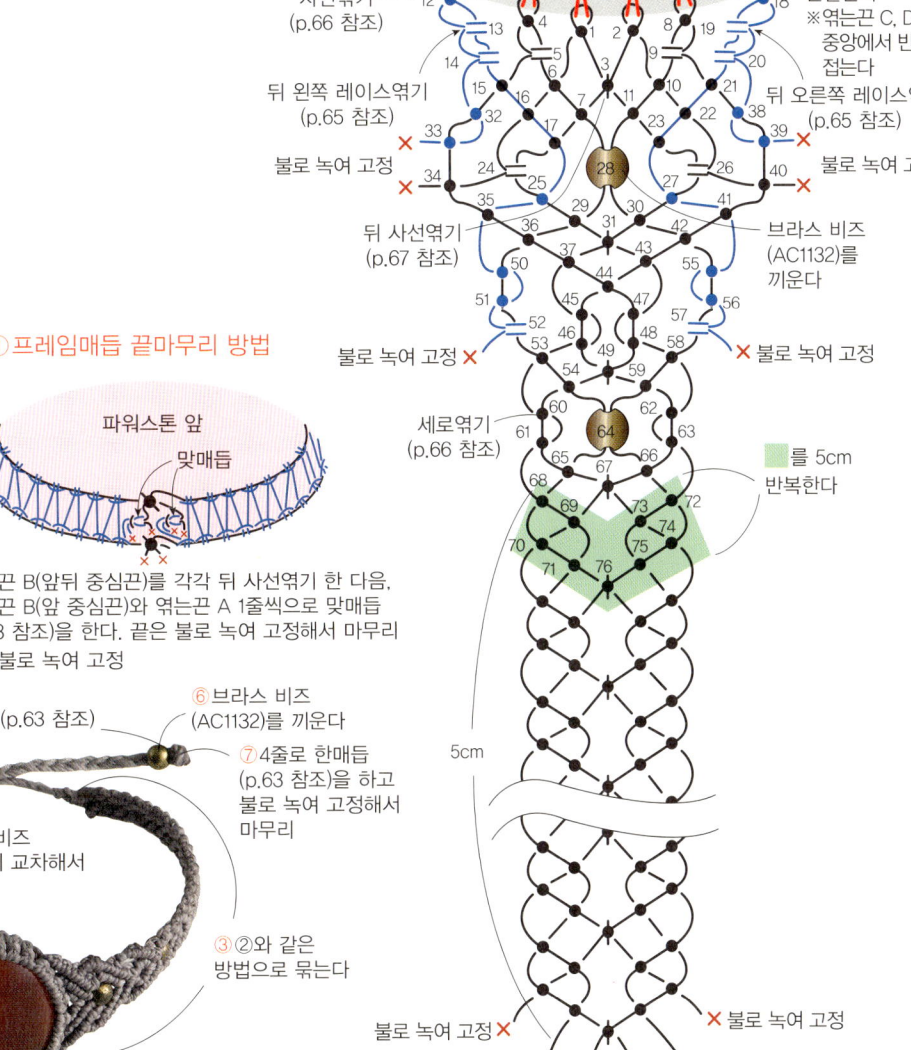

1줄, 2줄, 1줄로 나누고, 3줄땋기

프레임매듭(싱글)
반지

사이즈…손가락 둘레 약 8cm

20 재료

마이크로 마크라메 코드
엮는끈 A 밤색(1463) 100cm×1줄
엮는끈 B 밤색(1463) 50cm×1줄
엮는끈 C 밤색(1463) 30cm×8줄
엮는끈 D 브라운(1453) 30cm×4줄
파워스톤
미니 카보숑 로즈 쿼츠(AC1543) 1개

21 재료

마이크로 마크라메 코드
엮는끈 A 블루(1448) 100cm×1줄
엮는끈 B 블루(1448) 50cm×1줄
엮는끈 C 블루(1448) 30cm×8줄
엮는끈 D 감청색(1460) 30cm×4줄
파워스톤
미니 카보숑 블루레이스 아게이트(AC1549) 1개

② 엮는끈 연결 방법

연결하는 위치는 프레임매듭
맨 마지막의 뒤 사선엮기를 「0」으로 세고,
거기부터 레이스엮기 11회째를
중앙으로 해서 좌우(9, 10, 12, 13회째)로
연결한다.
반대쪽은 뒤 사선엮기를 중앙으로 해서
같은 방법으로 연결한다.

프레임 부분에 엮는끈 C를 연결한다.
엮는끈 C는 10cm와 20cm 길이로 나눠서
그림처럼 연결한다.

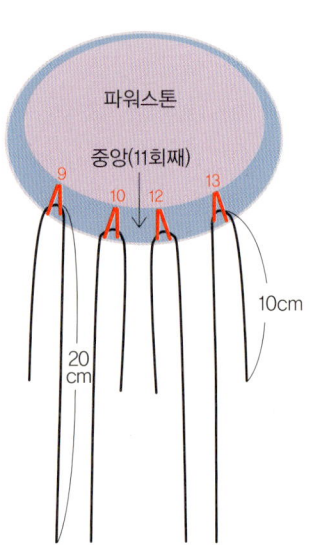

④ 양끝을 맞대서
고리를 만들고 묶는다

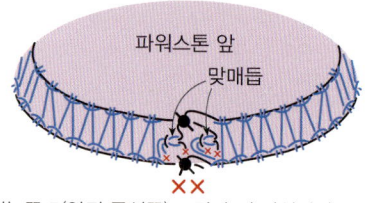

② 엮는끈 C 4줄을 연결한다.
아래 그림을 참조해서 묶고,
계속해서 엮는끈 D 각 1줄을
추가해서 묶는다

③ ②와 같은 방법으로
묶는다

② 엮는끈 C의 연결 방법

① 엮는끈 B의 중앙을 반으로 접고,
엮는끈 A의 끝을 10cm 남기고 3줄을 맞춰서
임시 한매듭(p.63 참조).
B를 중심끈으로 해서 프레임매듭(p.26-**1**∼p.27-**16** 참조).
오른쪽 레이스엮기(뒤쪽) 22회,
왼쪽 레이스엮기(앞쪽) 21회 하고,
파워스톤을 가로 방향으로 넣은 다음, 끝마무리를 한다

① 프레임매듭 끝마무리 방법

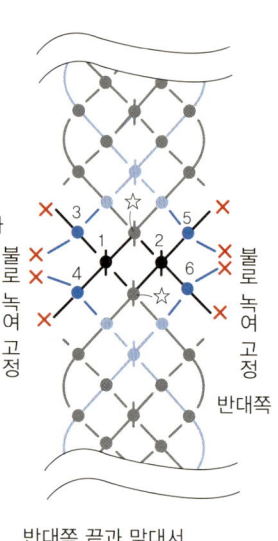

엮는끈 B(앞뒤 중심끈)로 각각 뒤 사선엮기
한 다음, 엮는끈 B(앞 중심끈)와 엮는끈 A
1줄씩으로 맞매듭(p.63 참조)을 한다.
끝은 불로 녹여 고정해서 마무리

✕ = 불로 녹여 고정

② 매듭법(기호도)

엮는끈 D 각 1줄을 위 끝 3cm를 남기고
이어엮기로 연결한다.
위 끝 3cm는 매듭이 모두 끝나면
불로 녹여 고정한다

파워스톤

중앙(11회째)

뒤 왼쪽 레이스엮기
(p.65 참조)

불로 녹여 고정 ✕

불로 녹여 고정 ✕

뒤 오른쪽 레이스엮기
(p.65 참조)

불로 녹여 고정 ✕
(p.63 참조)

✕ 불로 녹여 고정

■를 나머지 4단 반복한다

사선엮기
(p.66 참조)

뒤 사선엮기
(p.67 참조)

※자신의
손가락
사이즈에
맞춰서
단수를
조정한다

✕ 불로 녹여 고정

✕ 불로 녹여 고정

불로
녹여 고정

④ 끝마무리 방법

불
로
녹
여
고
정

불
로
녹
여
고
정

반대쪽

반대쪽 끝과 맞대서
고리를 만들고 묶는다

50

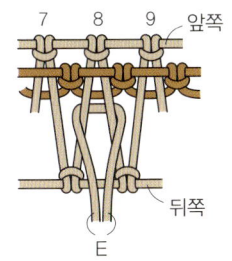

프레임매듭(더블) 팔찌

사이즈…손목 둘레 약 18~24cm

22 재료

마이크로 마크라메 코드
엮는끈 A 라이트 브라운(1454) 100cm×1줄
엮는끈 B 라이트 브라운(1454) 50cm×1줄
엮는끈 C 브라운(1453) 140cm×1줄
엮는끈 D 브라운(1453) 100cm×1줄
엮는끈 E 라이트 브라운(1454) 100cm×4줄
엮는끈 F 브라운(1453) 100cm×2줄

파워스톤
미니 카보숑 오닉스(AC1546) 1개
앤티크 골드 퓨터 (AC433) 3개
브라스 비즈 (AC1134) 4개

B R A C E L E T

⑧4줄꼬기(p.64 참조) 5.5cm
⑩4줄에 브라스 비즈를 끼우고, 끝을 불로 녹여 고정 (p.63 참조)해서 마무리
⑨퓨터에 4줄꼬기를 교차해서 끼운다
⑥4줄에 브라스 비즈를 끼운다
⑤둥근 4줄접기 (p.64 참조) 5.5cm
②엮는끈 E를 연결한다. 아래 그림을 참조해서 묶는다
③②와 같은 방법으로 묶는다
⑦④⑤⑥과 같은 방법
④4줄에 퓨터를 끼운다

①프레임매듭 더블(아래 그림, p.26-**1**~p.27-**16**, p.29-**1**~**6** 참조)을 하고, 엮는끈 F 2줄을 연결한다
(엮는끈 F의 연결 방법은 p.59 작품 **56·57**-② 참조)

②엮는끈 E의 연결 방법

7 8 9 앞쪽
뒤쪽
E

②매듭법(기호도)

연결하는 위치는 프레임매듭 맨 마지막의 뒤 사선엮기를 『0』으로 세고, 『0』과 거기부터 레이스엮기 11회째를 중앙으로 해서 좌우 2회씩 간격을 벌리면서 (3, 19, 반대쪽은 8, 14회째) 연결한다

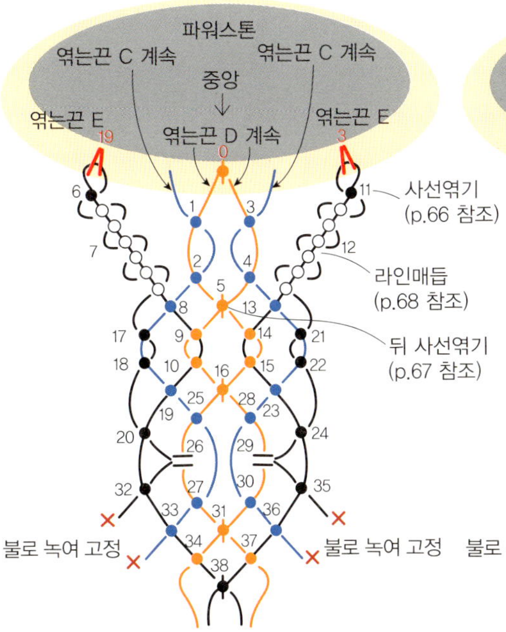

①프레임매듭 끝마무리 방법

※코드 연결을 이해하기 쉽게 색을 바꿔서 했다

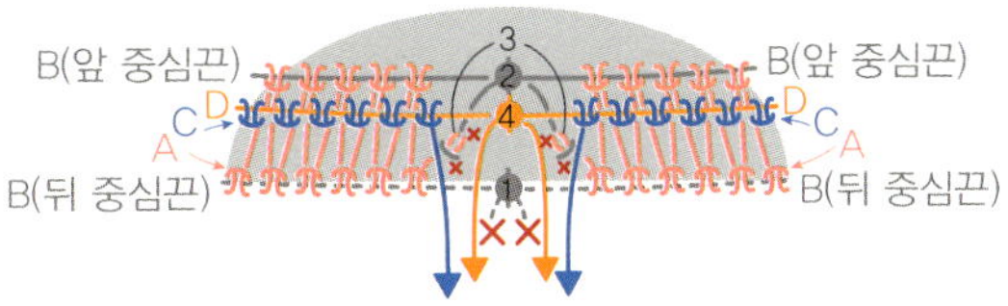

B(앞 중심끈) 3 B(앞 중심끈)
D 2 D
C 4 C
A A
B(뒤 중심끈) B(뒤 중심끈)

1. B(뒤 중심끈)로 뒤 사선엮기를 해 끝을 불로 녹여 고정해서 마무리
2. B(앞 중심끈)로 뒤 사선엮기
3. A와 B(앞 중심끈)로 맞매듭(p.63 참조)을 하고, 끝을 불로 녹여 고정해서 마무리
4. D로 뒤 사선 엮기

〈반대쪽〉

①매듭법(기호도)

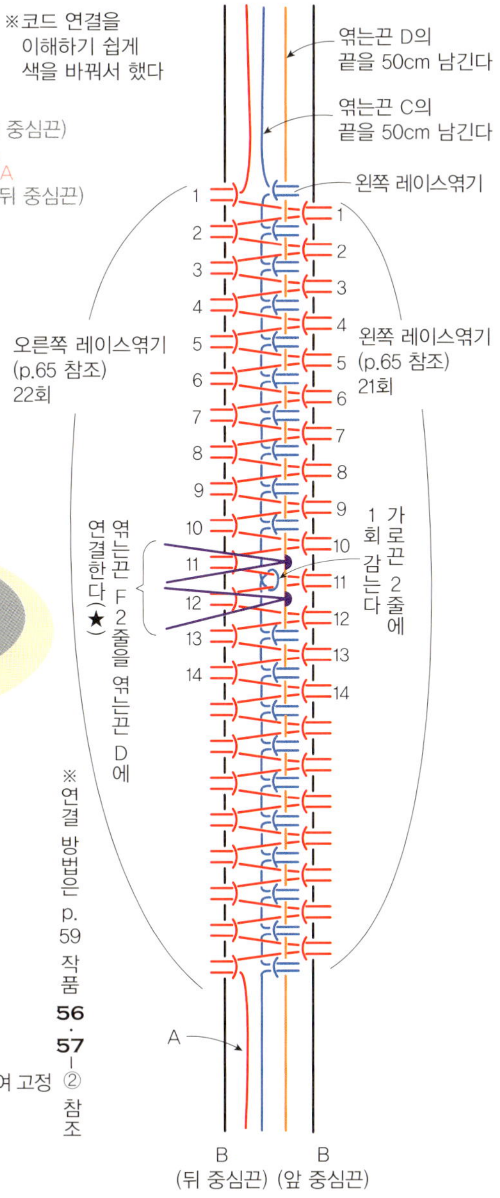

엮는끈 D의 끝을 50cm 남긴다
엮는끈 C의 끝을 50cm 남긴다
왼쪽 레이스엮기

오른쪽 레이스엮기 (p.65 참조) 22회
왼쪽 레이스엮기 (p.65 참조) 21회

1 가로끈 2줄에 걸감는다 1회

연결한다 (★) 엮는끈 F 2줄을 엮는끈 D에

※연결 방법은 p.59 작품 **56·57**-②참조

A
B (뒤 중심끈) B (앞 중심끈)

파워스톤
엮는끈 C 계속   엮는끈 C 계속
중앙
엮는끈 E   엮는끈 D 계속   엮는끈 E

사선엮기 (p.66 참조)
라인매듭 (p.68 참조)
뒤 사선엮기 (p.67 참조)

불로 녹여 고정   불로 녹여 고정

4줄로 둥근 4줄접기 한다

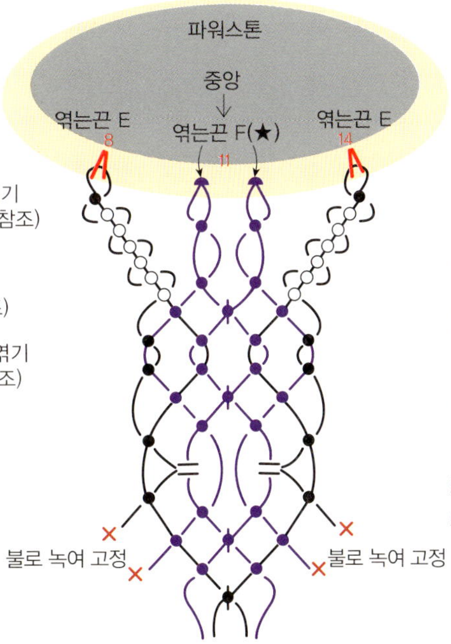

파워스톤
중앙
엮는끈 E   엮는끈 F(★)   엮는끈 E

불로 녹여 고정   불로 녹여 고정

4줄로 둥근 4줄접기 한다

프레임매듭(더블) 반지

사이즈…손가락 둘레 약 8cm

23 재료

마이크로 마크라메 코드
엮는끈 A 진회색(1462) 100cm×1줄
엮는끈 B 진회색(1462) 50cm×1줄
엮는끈 C 블랙(1458) 80cm×1줄
엮는끈 D 블랙(1458) 40cm×1줄
엮는끈 E 진회색(1462) 25cm×4줄
엮는끈 F 블랙(1458) 30cm×2줄
엮는끈 G 블랙(1458) 50cm×8줄
파워스톤
미니 카보숑 터쿼이즈(AC1541) 1개

24 재료

마이크로 마크라메 코드
엮는끈 A 밤색(1463) 100cm×1줄
엮는끈 B 밤색(1463) 50cm×1줄
엮는끈 C 그레이(1457) 80cm×1줄
엮는끈 D 그레이(1457) 40cm×1줄
엮는끈 E 밤색(1463) 25cm×4줄
엮는끈 F 그레이(1457) 30cm×2줄
엮는끈 G 그레이(1457) 50cm×8줄
파워스톤
미니 카보숑 라피스라줄리(AC1548) 1개

② 엮는끈 G의
연결 방법

④ 양끝을 맞대서
고리를 만들고 묶는다

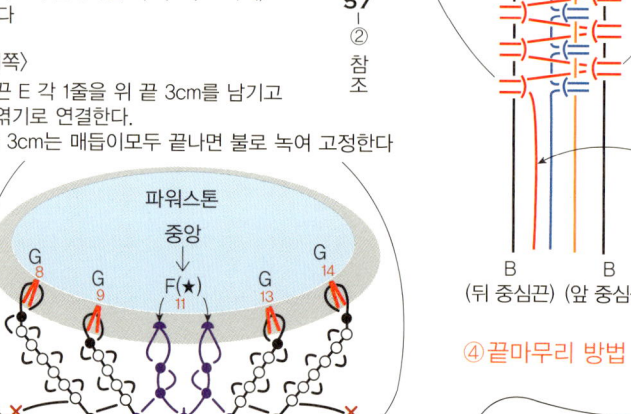

③ ②와 같은
방법으로
묶는다

② 엮는끈 G를
연결한다.
아래 그림을
참조해서
묶는다

① 엮는끈 B의 중앙을 반으로 접고,
엮는끈 A의 끝을 10cm 남기고 3줄을 맞춰서
임시 한매듭(p.63 참조).
프레임매듭 더블(오른쪽 그림, p.26-1~p.27-16,
p.29-1~6 참조)을 하고, 파워스톤을 가로 방향
으로 넣은 다음 끝마무리를 한다(p.51 참조)

※코드 연결을 이해하기 쉽게
색을 바꿔서 했다

② ③매듭법(기호도)

연결하는 위치는 프레임매듭
맨 마지막의 뒤 사선엮기를 『0』으로 세고,
『0』과 거기부터 레이스엮기 11회째를
중앙으로 해서 좌우 2회씩 벌리면서
(2, 3, 19, 20, 반대쪽은 8, 9, 13, 14회째)
연결한다

〈반대쪽〉

엮는끈 E 각 1줄을 위 끝 3cm를 남기고
이어엮기로 연결한다.
위 끝 3cm는 매듭이모두 끝나면 불로 녹여 고정한다

① 매듭법(기호도)

엮는끈 D의
끝을 15cm
남긴다

엮는끈 C의
끝을 15cm
남긴다

오른쪽
레이스엮기
(p.65 참조)
22회

왼쪽
레이스엮기
(p.65 참조)
21회

연결한다(★)

엮는끈 F 2줄을 엮는끈 D에

1 가로 1 회 간다 2 줄에

※연결 방법은 p.59 작품 56·57-② 참조

A

B   B
(뒤 중심끈) (앞 중심끈)

④ 끝마무리 방법

엮는끈 E 각 1줄을 위 끝 3cm를 남기고
이어엮기로 연결한다.
위 끝 3cm는 매듭이 모두 끝나면 불로 녹여 고정한다

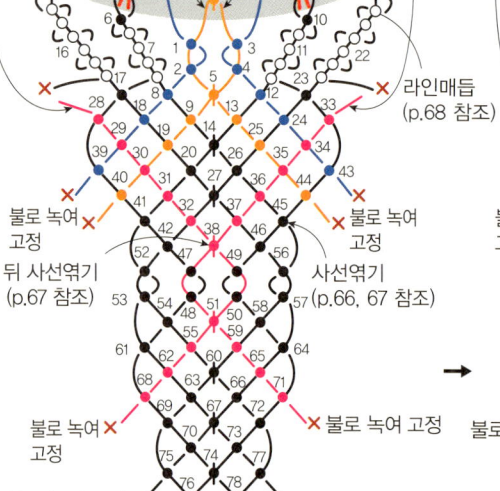

파워스톤
C 계속 중앙 C 계속
D 계속

라인매듭
(p.68 참조)

불로 녹여
고정

불로 녹여
고정

뒤 사선엮기
(p.67 참조)

사선엮기
(p.66, 67 참조)

불로 녹여
고정

불로 녹여 고정

불로 녹여 고정

불로 녹여 고정

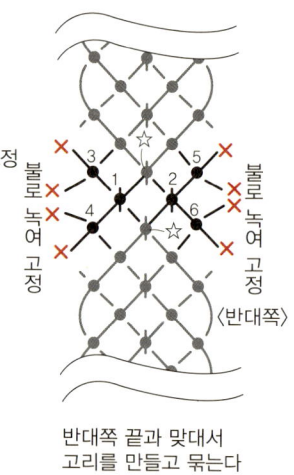

파워스톤
중앙
F(★)

불로 녹여
고정

불로 녹여 고정

불로 녹여
고정

불로 녹여 고정

불로 녹여 고정

불로 녹여 고정

불로 녹여 고정

불로 녹여 고정

반대쪽 끝과 맞대서
고리를 만들고 묶는다

이어엮기 팔찌

사이즈…손목 둘레 약 16cm

25 재료

마이크로 마크라메 코드
엮는끈 A 감청색(1460) 160cm×2줄
엮는끈 B 감청색(1460) 120cm×1줄
엮는끈 C 로즈 그레이(1461) 250cm×1줄
레이스캡 골드(G1029) 2개
잠금 장식 골드(G1027) 1쌍

26 재료

마이크로 마크라메 코드
엮는끈 A 마살라 차이(1464) 160cm×2줄
엮는끈 B 마살라 차이(1464) 120cm×1줄
엮는끈 C 옥색(1459) 250cm×1줄
레이스캡 실버(S1028) 2개
잠금 장식 실버(S1026) 1쌍

① 시작 방법

100 cm
60 cm
B
A   A

위 그림의 길이대로
반을 접어서 시작

매듭 시작

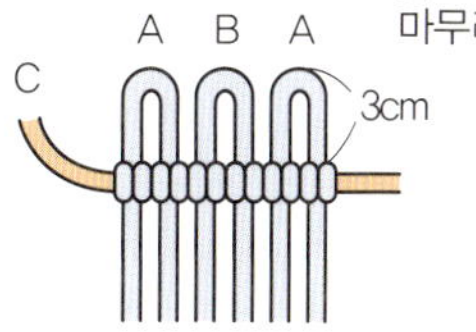

엮는끈 C
(끝을 3cm 정도 남기고
매듭을 시작한다.
매듭이 끝나면
불로 녹여 고정해서
마무리)

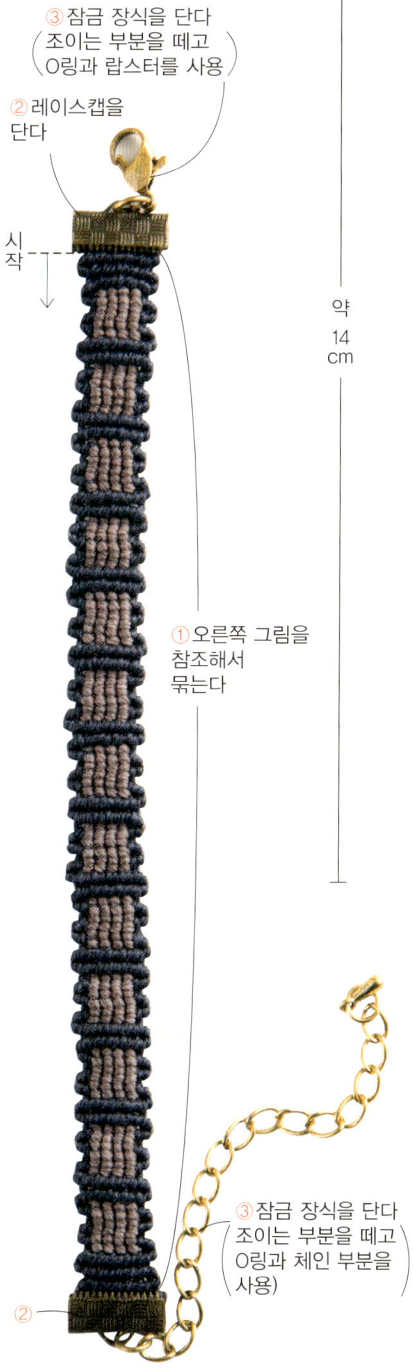

A B A

C
3cm

③ 잠금 장식을 단다
(조이는 부분을 떼고
O링과 랍스터를 사용)

② 레이스캡을
단다

시작

① 오른쪽 그림을
참조해서
묶는다

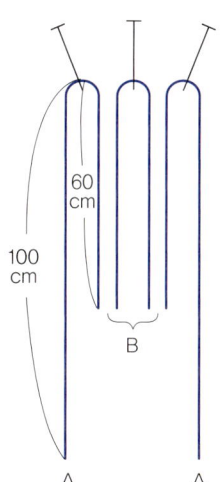

② 잠금 장식을 단다
(조이는 부분을 떼고
O링과 체인 부분을
사용)

③ 잠금 장식을 단다
(조이는 부분을 떼고
O링과 체인 부분을
사용)

① 매듭법(기호도)

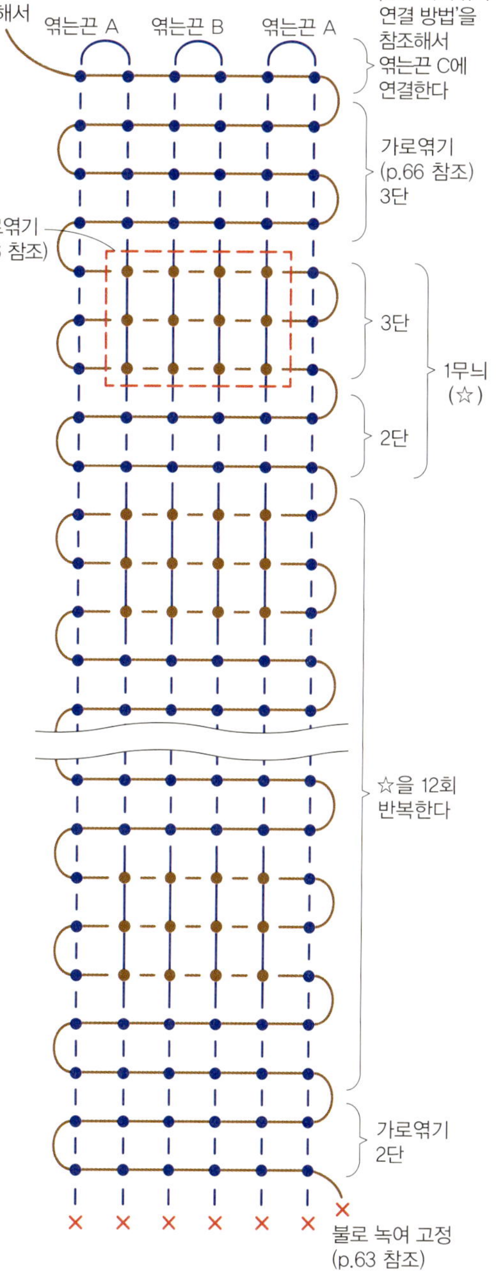

엮는끈 A   엮는끈 B   엮는끈 A

p.15 '이어엮기
연결 방법'을
참조해서
엮는끈 C에
연결한다

가로엮기
(p.66 참조)
3단

세로엮기
(p.66 참조)

3단

1무늬
(☆)

2단

약
14
cm

☆을 12회
반복한다

가로엮기
2단

× × × × × 불로 녹여 고정
(p.63 참조)

② 레이스캡 다는 법

→

레이스캡의
사이에 접착제를
바른다

이어엮기 1단분을
레이스캡에 끼우고
펜치로 조인다

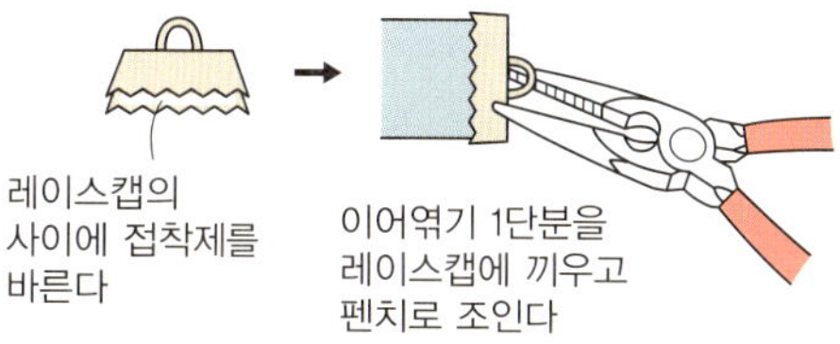

둥근 4줄접기 팔찌

사이즈…손목 둘레 약 19cm

27 재료

마이크로 마크라메 코드
엮는끈 A 카키(1452) 110cm×3줄
헴프 트와인 가는 타입
엮는끈 B 그린(376) 110cm×1줄
본 비즈 (AC1225) 2개
앤티크 코퍼 (AC1201) 1개
　　　　　　(AC1205) 1개
　　　　　　(AC1204) 2개

28 재료

마이크로 마크라메 코드
엮는끈 A 옐로우(1442) 110cm×3줄
헴프 트와인 가는 타입
엮는끈 B 브라운(374) 110cm×1줄
본 비즈 (AC1226) 2개
앤티크 코퍼 (AC1201) 1개
　　　　　　(AC1206) 1개
　　　　　　(AC1204) 2개

① 시작 방법

20cm 남긴다

임시 한매듭

B
A

4줄의 매듭코를
십자로 벌린다

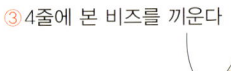

③ 4줄에 본 비즈를 끼운다

④ 둥근 4줄접기
8.5cm

② 둥근 4줄접기
(p.64 참조) 7cm

⑤ 4줄에 본 비즈를 끼운다

⑥ 둥근 4줄접기
1.5cm

시작

① 엮는끈 A, B
4줄의 끝을 맞추고,
20cm 남기고
임시 한매듭
(p.63 참조)

⑧ 임시
한매듭을
풀고
4줄꼬기
5cm

⑨ 4줄꼬기 2세트에
앤티크 코퍼(AC1201),
27 = 앤티크 코퍼(AC1205)
28 = 앤티크 코퍼(AC1206)의
순서로 끼운다

⑦ 4줄꼬기(p.64 참조) 5cm

⑩ 4줄꼬기 1세트에
앤티크 코퍼(AC1204)
1개를 끼운다

⑪ 3줄로 한매듭을 하고,
불로 녹여 고정
(p.63 참조)해서
마무리

레이스엮기 팔찌

사이즈…손목 둘레 약 19cm

29 재료

마이크로 마크라메 코드
엮는끈 베이지(1455) 250cm×2줄
중심끈 베이지(1455) 70cm×1줄
본 비즈 (AC1223) 6개
브라스 비즈 (AC1141) 1개

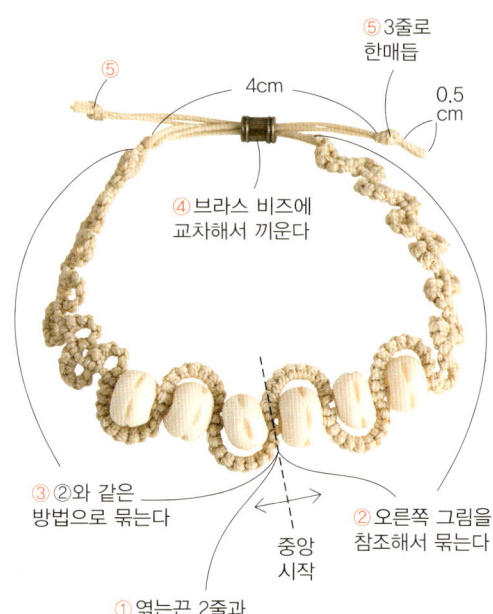

⑤ 3줄로
한매듭

4cm

0.5cm

⑤

④ 브라스 비즈에
교차해서 끼운다

③ ②와 같은
방법으로 묶는다

중앙
시작

② 오른쪽 그림을
참조해서 묶는다

① 엮는끈 2줄과
중심끈 1줄을 중앙에서 맞추고,
임시 한매듭
(p.63 참조)

① 시작 방법

임시
한매듭

중앙

중심끈

엮는끈
끈을 그림처럼 놓는다

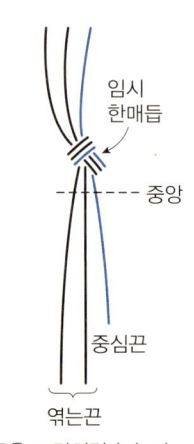

②③매듭법(기호도)

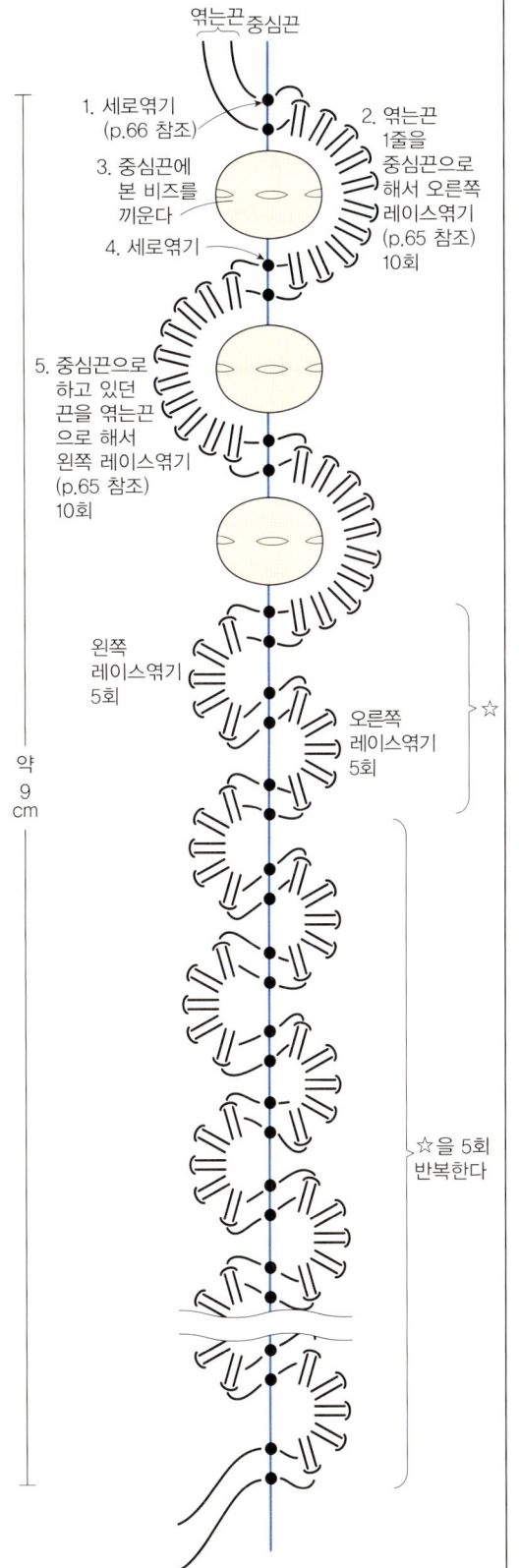

엮는끈 중심끈

1. 세로엮기
(p.66 참조)

2. 엮는끈
1줄을
중심끈으로
해서 오른쪽
레이스엮기
(p.65 참조)
10회

3. 중심끈에
본 비즈를
끼운다

4. 세로엮기

5. 중심끈으로
하고 있던
끈을 엮는끈
으로 해서
왼쪽 레이스엮기
(p.65 참조)
10회

왼쪽
레이스엮기
5회

오른쪽
레이스엮기
5회

☆

약
9
cm

☆을 5회
반복한다

P.35 | 43~45

이어엮기 반지

사이즈…손가락 둘레 약 7cm

43 재료

마이크로 마크라메 코드
감청색(1460) 70cm×3줄
메탈 비즈 라인 소(AC1645) 6개

44 재료

마이크로 마크라메 코드
밤색(1463) 70cm×3줄
메탈 비즈 라인 소(AC1644) 6개

45 재료

마이크로 마크라메 코드
마살라 차이(1464) 70cm×3줄
메탈 비즈 라인 소(AC1644) 6개

⑤ 고리에 끼운 4줄을
1cm 띄어서 접는다.
모두 8줄을 중심끈으로 해서
남은 2줄(☆)로 왼쪽 평매듭 4회.
코드 끝은 전부 불로 녹여 고정
(p.63 참조)해서 마무리

시작

매듭법
(기호도)

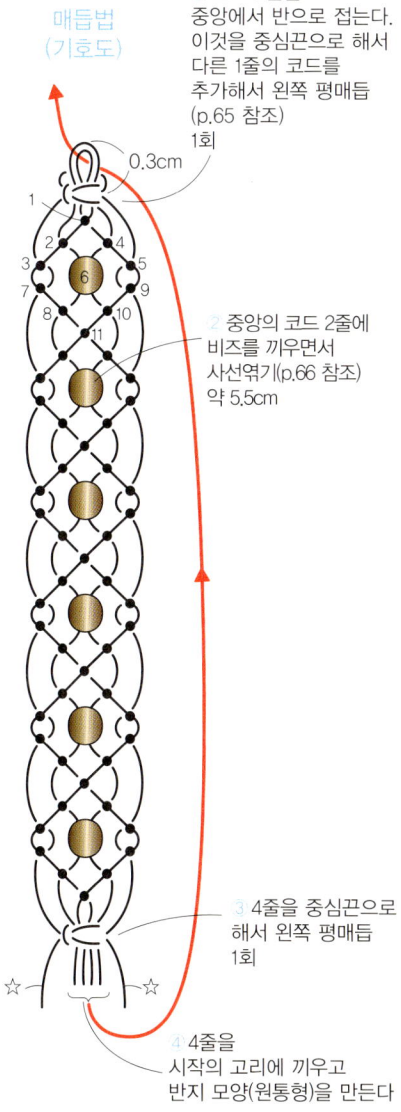

① 코드 2줄을
중앙에서 반으로 접는다.
이것을 중심끈으로 해서
다른 1줄의 코드를
추가해서 왼쪽 평매듭
(p.65 참조)
1회

0.3cm

② 중앙의 코드 2줄에
비즈를 끼우면서
사선엮기(p.66 참조)
약 5.5cm

③ 4줄을 중심끈으로
해서 왼쪽 평매듭
1회

④ 4줄을
시작의 고리에 끼우고
반지 모양(원통형)을 만든다

카반돌리 워크 브로치

사이즈···46·49＝약 가로 3×세로 3.5cm, 47·48＝약 가로 3.5×세로 4cm

46 재료

스테인리스 코드 0.8mm 타입
엮는끈 A 펄 화이트(719) 70cm×9줄
엮는끈 B 블랙(720) 180cm×1줄
브로치 핀 실버(S1007) 1개
펠트 흰색 3×3.5 cm

47 재료

마이크로 마크라메 코드
엮는끈 A 감청색(1460) 70cm×9줄
엮는끈 B 화이트(1441) 240cm×1줄
엮는끈 C 감청색(1460) 40cm×1줄
브로치 핀 실버(S1007) 1개
펠트 그레이 3.5×4cm

48 재료

마이크로 마크라메 코드
엮는끈 A 화이트(1441) 70cm×10줄
엮는끈 B 레드(1444) 240cm×1줄
브로치 핀 실버(S1007) 1개
펠트 흰색 3.5×4cm

49 재료

스테인리스 코드 0.8mm 타입
엮는끈 A 코퍼(717) 70cm×9줄
엮는끈 B New 골드(715) 180cm×1줄
엮는끈 C 코퍼(717) 40cm×1줄
브로치 핀 골드(G1006) 1개
펠트 갈색 3×3.5cm

① 카반돌리 워크로 모티프를 묶는다

② 코드를 뒤쪽으로 접고 펠트를 붙인다. 브로치 핀을 꽂는다.

② 뒤쪽 마무리 방법

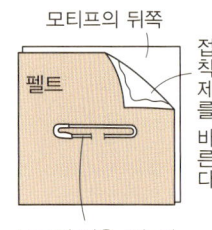

모티프의 뒤쪽
펠트
접착제를 바른다
브로치 핀을 꽂는다

49 기호도

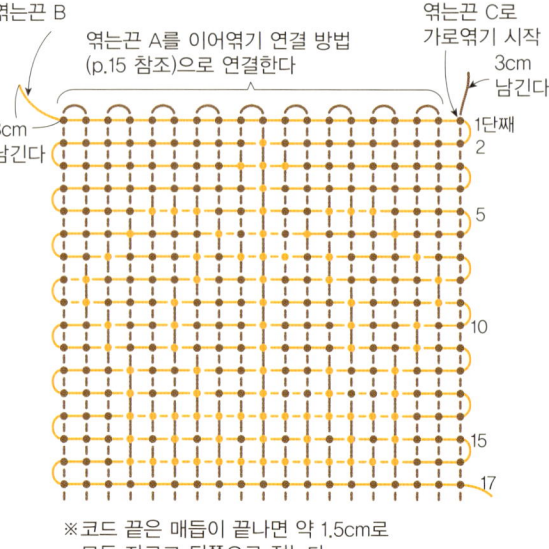

엮는끈 B
엮는끈 A를 이어엮기 연결 방법 (p.15 참조)으로 연결한다
47, 49만 끝은 오른쪽 끝은 엮는끈 C로 가로엮기 시작
3cm 남긴다
3cm 남긴다
1단째
2
5
10
15
17

※코드 끝은 매듭이 끝나면 약 1.5cm로 모두 자르고 뒤쪽으로 접는다

49 모눈 도안

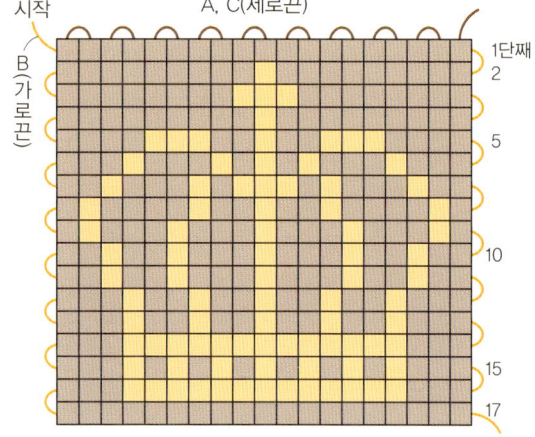

시작
A, C(세로끈)
B(가로끈)
1단째
2
5
10
15
17

※1칸이 1코를 나타낸다

■ ＝가로엮기
□ ＝세로엮기

46 모눈 도안

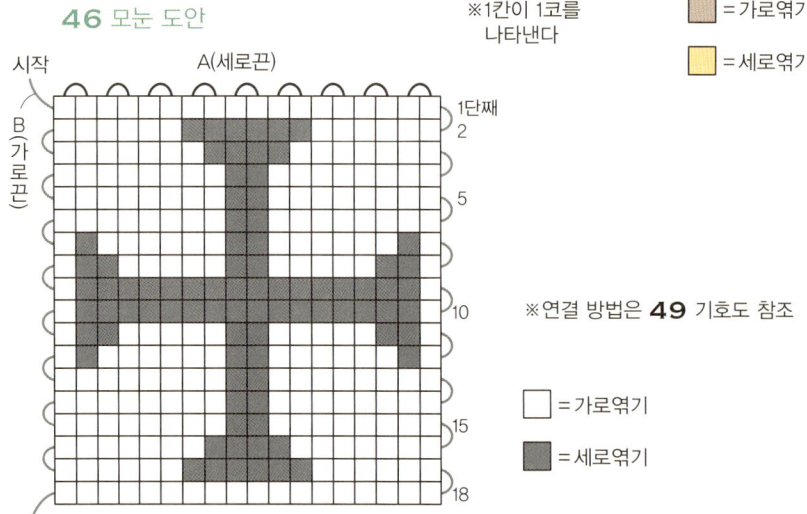

시작
A(세로끈)
B(가로끈)
1단째
2
5
10
15
18

※연결 방법은 **49** 기호도 참조

□ ＝가로엮기
■ ＝세로엮기

47 모눈 도안

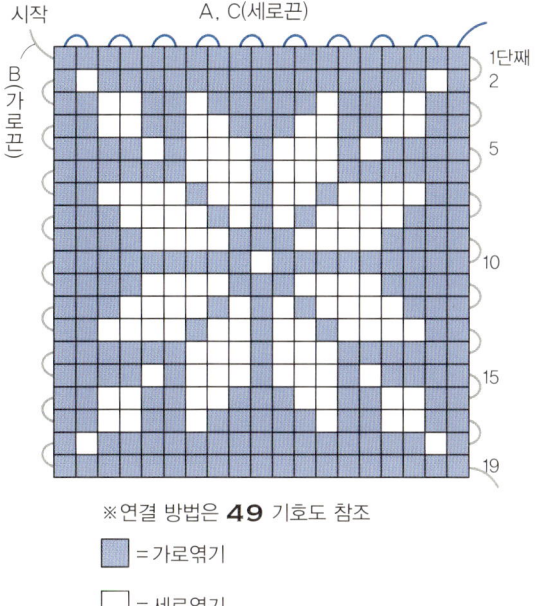

시작
A. C(세로끈)
B(가로끈)

1단째
2
5
10
15
19

※연결 방법은 **49** 기호도 참조

■ = 가로엮기

□ = 세로엮기

48 모눈 도안

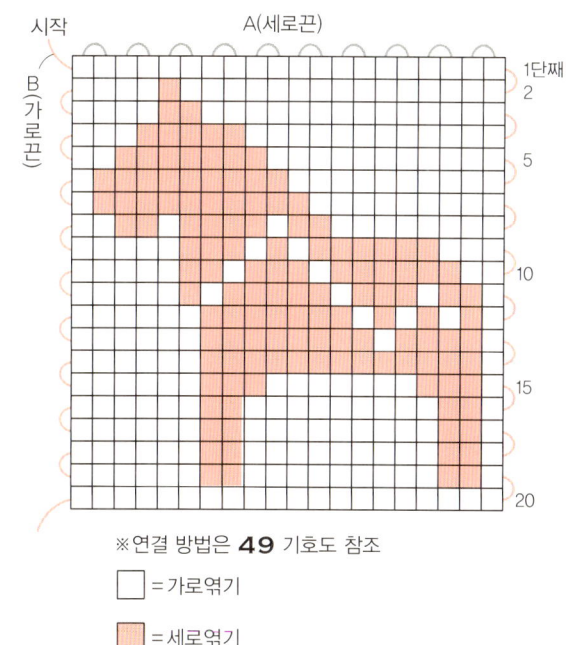

시작
A(세로끈)
B(가로끈)

1단째
5
10
15
20

※연결 방법은 **49** 기호도 참조

□ = 가로엮기

■ = 세로엮기

① 카반돌리 워크 방법

※카반돌리 워크란 세로끈과 가로끈의 색을 다르게 해서 무늬를 만드는 기법이다

1

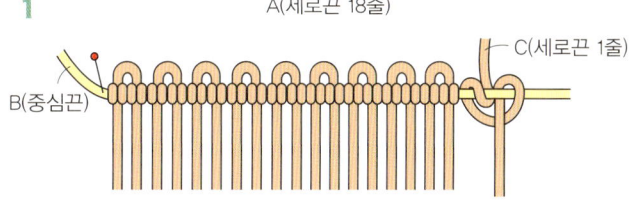

A(세로끈 18줄)
C(세로끈 1줄)
B(중심끈)

1단째를 묶는다. 엮는끈 A로 이어엮기 연결 방법으로
연결한다. 오른쪽 끝은 엮는끈 C로 가로엮기(p.66 참조)로
연결한다.

2

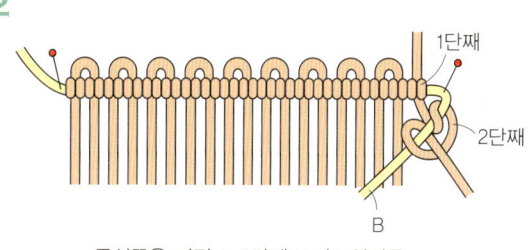

1단째
2단째
B

중심끈을 되접고, 2단째도 가로엮기를
9코까지 한다

3

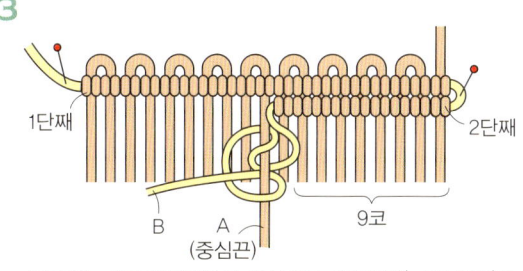

1단째
2단째
B
A
(중심끈)
9코

10코째는 A를 중심끈으로 해서 B로 세로엮기(p.66 참조)를 한다.

4

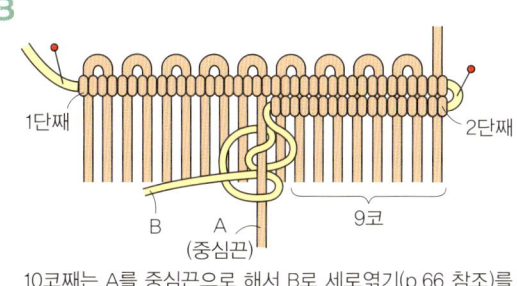

가로엮기
9코
세로엮기
1코
가로엮기
9코

다시 한 번 가로엮기를 9코 하고, 2단째 완성

5

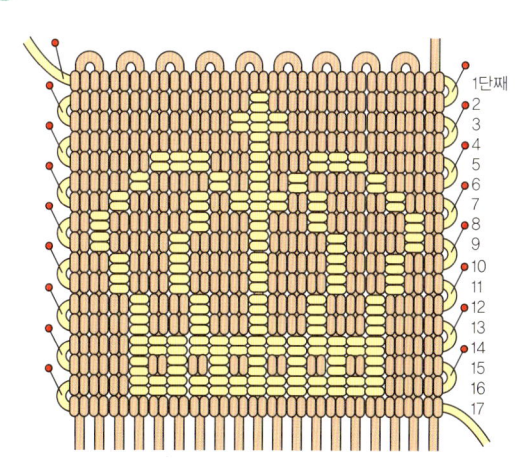

1단째
2
3
4
5
6
7
8
9
10
11
12
13
14
15
16
17

나머지 단도 기호대로 가로엮기,
세로엮기를 한다

프레임매듭(싱글)
헤어핀

모티프 사이즈…약 5cm

마이크로 마크라메 코드
엮는끈 A 로즈 그레이(1461) 100cm×1줄
엮는끈 B 로즈 그레이(1461) 50cm×1줄
엮는끈 C 로즈 그레이(1461) 50cm×12줄
파워스톤
미니 카보숑 카넬리안(AC1545) 1개
링 달린 헤어핀 금속 6cm 앤티크 골드 1개

51 재료

마이크로 마크라메 코드
엮는끈 A 옥색(1459) 100cm×1줄
엮는끈 B 옥색(1459) 50cm×1줄
엮는끈 C 옥색(1459) 50cm×12줄
파워스톤
미니 카보숑 로즈 쿼츠(AC1543) 1개
링 달린 헤어핀 금속 6cm 앤티크 골드 1개

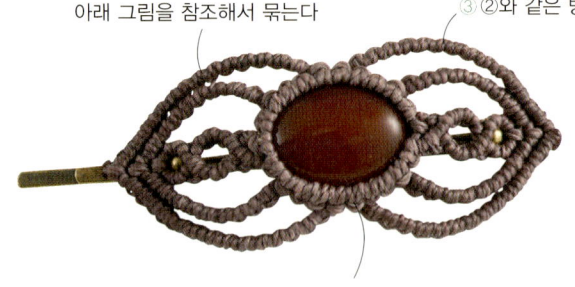

②엮는끈 C 6줄을 연결한다.
아래 그림을 참조해서 묶는다

③②와 같은 방법으로 묶는다

①엮는끈 B의 중앙을 반으로 접고,
엮는끈 A의 끝을 10cm 남기고 3줄을 맞춰서
임시 한매듭(p.63 참조).
B를 중심끈으로 해서 프레임매듭(p.26-1～p.27-16 참조).
오른쪽 레이스엮기(뒤쪽) 22회, 왼쪽 레이스엮기(앞쪽)
21회 하고, 파워스톤을 세로 방향으로 넣은 다음
끝마무리를 한다

①프레임매듭 끝마무리 방법

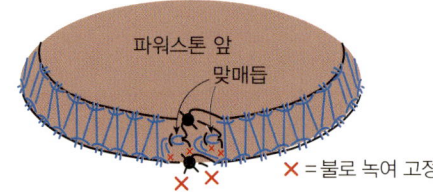

파워스톤 앞
맞매듭

✕ = 불로 녹여 고정

엮는끈 B(앞뒤 중심끈)를 각각
뒤 사선엮기 한 다음, 엮는끈 B(앞 중심끈)와
엮는끈 A 1줄씩으로 맞매듭(p.63 참조)을 한다.
끝은 불로 녹여 고정해서 마무리.
맞매듭을 한 윗부분에 엮는끈 C 2줄을
연결한다

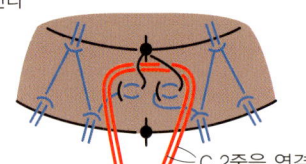

C 2줄을 연결한다

②③매듭법(기호도)

연결하는 위치는 프레임매듭
맨 마지막의 뒤 사선엮기를 『0』으로 세고,
『0』과 거기부터 레이스엮기 11회째를
중앙으로 해서 좌우(2, 5, 17, 20,
반대쪽은 6, 9, 13, 16회째)로
엮는끈 C를 연결한다

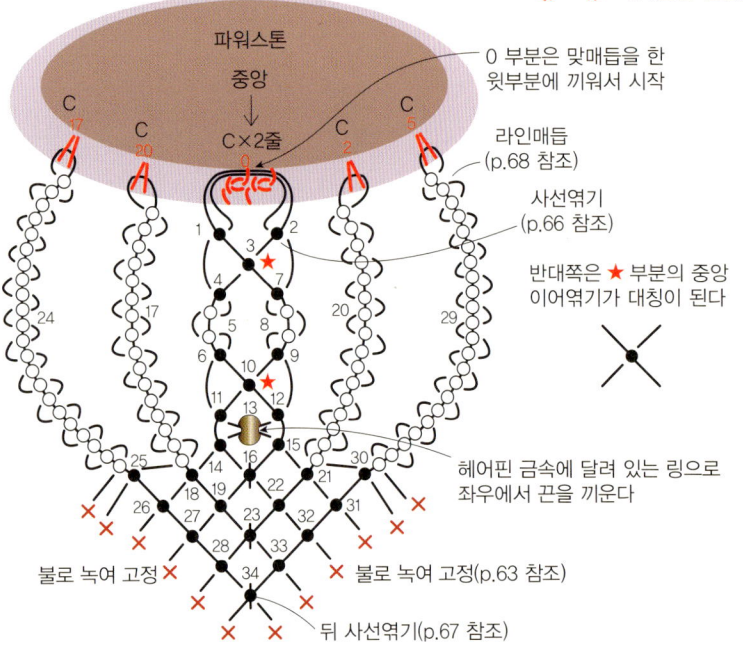

파워스톤
중앙
C×2줄

0 부분은 맞매듭을 한
윗부분에 끼워서 시작

라인매듭
(p.68 참조)

사선엮기
(p.66 참조)

반대쪽은 ★ 부분의 중앙
이어엮기가 대칭이 된다

헤어핀 금속에 달려 있는 링으로
좌우에서 끈을 끼운다

불로 녹여 고정   불로 녹여 고정(p.63 참조)

뒤 사선엮기(p.67 참조)

①②시작 방법

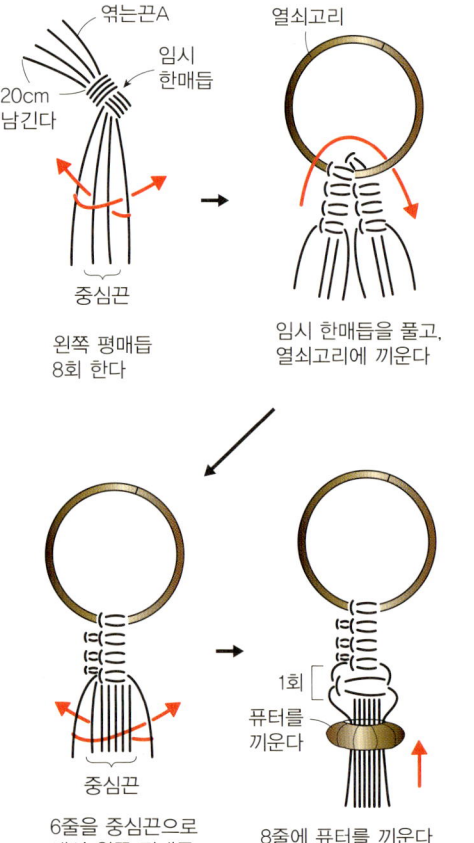

엮는끈A
임시
한매듭
20cm
남긴다

열쇠고리

중심끈

왼쪽 평매듭
8회 한다

임시 한매듭을 풀고,
열쇠고리에 끼운다

중심끈

6줄을 중심끈으로
해서 왼쪽 평매듭
1회 한다

1회
퓨터를
끼운다

8줄에 퓨터를 끼운다
(퓨터 안으로 왼쪽 평매듭의
매듭코가 들어간다)

이어엮기와 라인매듭
열쇠고리

모티프 사이즈…약 4cm

54 재료

마이크로 마크라메 코드
엮는끈 A 블랙(1458) 50cm×4줄
엮는끈 B 블랙(1458) 30cm×2줄
파워스톤
구슬형 8mm 카넬리안(AC292) 1개
앤티크 골드 퓨터 (AC431) 1개
브라스 비즈 (AC1132) 1개
AG 열쇠고리 (G1020) 1개

55 재료

마이크로 마크라메 골드
엮는끈 A 라이트 그레이(1456) 50cm×4줄
엮는끈 B 라이트 그레이(1456) 30cm×2줄
파워스톤
구슬형 8mm 어벤추린(AC297) 1개
앤티크 골드 퓨터 (AC431) 1개
브라스 비즈 (AC1132) 1개
AG 열쇠고리 (G1020) 1개

① 엮는끈 A 4줄의 끝을 맞추고,
20cm 남기고 임시 한매듭(p.63 참조).
왼쪽 평매듭(p.65 참조)을
8회 하고 열쇠고리를 끼운다

③ 모티프 매듭법(기호도)

② 6줄을 중심끈으로 해서
왼쪽 평매듭 1회 하고,
퓨터를 끼운다
(매듭코는 퓨터
안으로 넣는다)

③ 오른쪽 그림을
참조해서 모티프를
묶는다

뒤 사선엮기
(p.67 참조)

브라스 비즈를
끼운다

세로엮기
(p.66 참조)

사선엮기
(p.66 참조)

라인매듭
(p.68 참조)

엮는끈 B를
연결한다(★)

※ 연결 방법은
오른쪽 그림
② 참조

시작

불로 녹여 고정 불로 녹여 고정

이어엮기와 라인매듭
귀걸이

모티프 사이즈…약 3cm

56 재료(1쌍)

스테인리스 코드 0.8mm 타입
앤티크 실버(714) 50cm×10줄
브라스 비즈 (AC1136) 8개
귀걸이 금속 골드(AC1664) 1쌍

57 재료(1쌍)

스테인리스 코드 0.8mm 타입
앤티크 골드(713) 50cm×10줄
브라스 비즈 (AC1136) 8개
귀걸이 금속 골드(AC1664) 1쌍

① 코드 1줄을 중앙에서
반으로 접는다.
귀걸이 금속에 끼우고,
뒤 사선엮기(p.67 참조)

② 코드 4줄을 연결한다.
아래 그림을 참조해서
모티프를 묶는다

② 코드 연결 방법

기호도 ✖

중앙
연결하는
코드

연결하는 코드를
반으로 접고
뒤에 놓는다.
중앙을 앞으로 눕힌다

코드의 양끝을
고리 안으로 빼낸다

당겨서 조인다

① ② 모티프 매듭법(기호도)

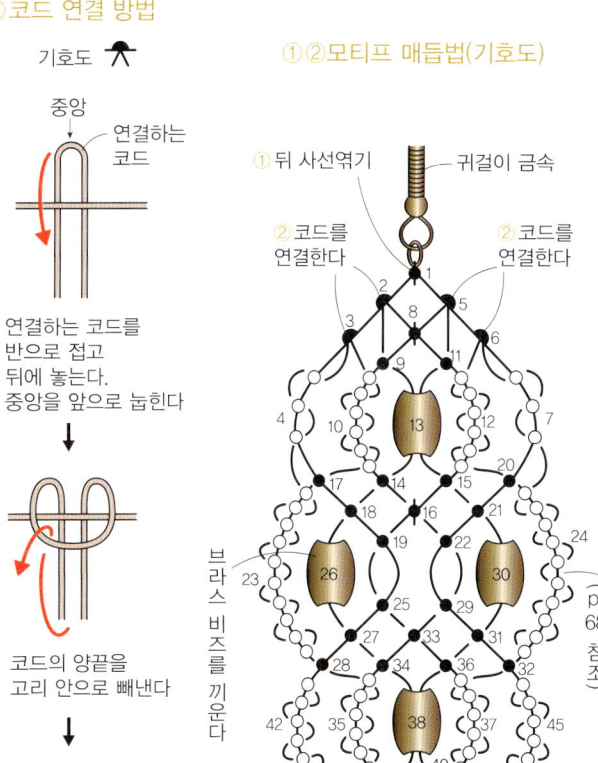

① 뒤 사선엮기   귀걸이 금속

② 코드를
연결한다

② 코드를
연결한다

브라스 비즈를 끼운다

라인매듭
(p.68 참조)

불로 녹여 고정

불로 녹여 고정

OTHER&PIERCE

이어엮기 귀걸이

모티프 사이즈…약 4cm

58 재료 (1쌍)

마이크로 마크라메 코드
엮는끈 A 라이트 그레이(1456) 40cm×4줄
엮는끈 B 터쿼이즈(1449) 30cm×2줄
엮는끈 C 블루(1448) 30cm×2줄
엮는끈 D 퍼플(1447) 30cm×2줄
엮는끈 E 검붉은색(1445) 30cm×2줄
엮는끈 F 라이트 그레이(1456) 20cm×2줄
엮는끈 G 블루(1448) 20cm×2줄
귀걸이 금속 실버(AC1665) 1쌍

59 재료 (1쌍)

마이크로 마크라메 코드
엮는끈 A 베이지(1445) 40cm×4줄
엮는끈 B 옐로우(1442) 30cm×2줄
엮는끈 C 오렌지(1443) 30cm×2줄
엮는끈 D 레드(1444) 30cm×2줄
엮는끈 E 마젠타(1446) 30cm×2줄
엮는끈 F 옐로우(1442) 20cm×2줄
엮는끈 G 오렌지(1443) 20cm×2줄
귀걸이 금속 실버(AC1665) 1쌍

① 귀걸이 금속에 엮는끈 A 2줄을 끼우고, 아래 그림을 참조해서 모티프를 묶는다

① 모티프 매듭법(기호도)

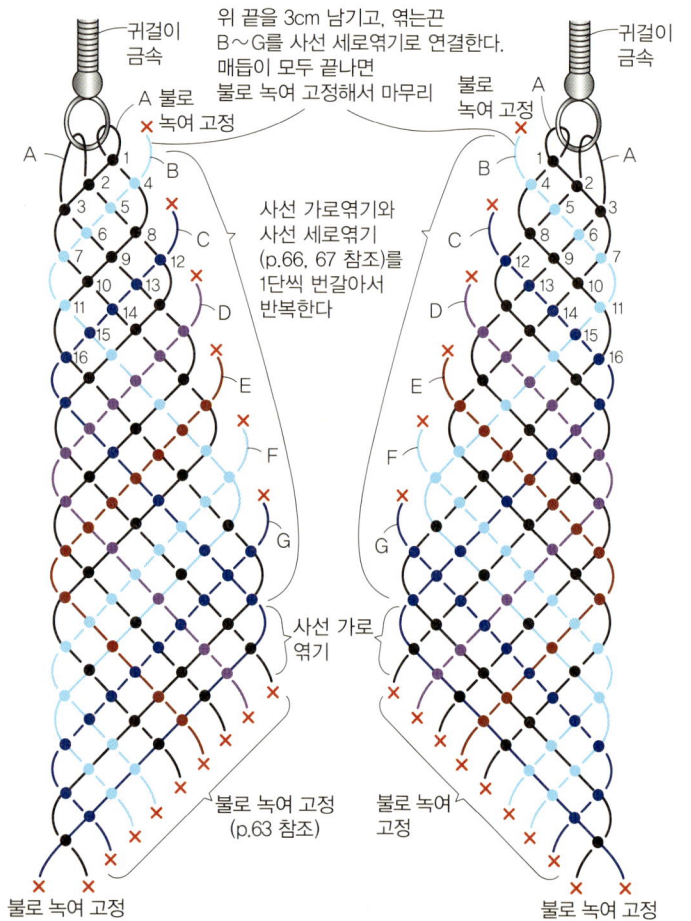

위 끝을 3cm 남기고, 엮는끈 B~G를 사선 세로엮기로 연결한다. 매듭이 모두 끝나면 불로 녹여 고정해서 마무리

사선 가로엮기와 사선 세로엮기(p.66, 67 참조)를 1단씩 번갈아서 반복한다

귀걸이 금속
A
A 불로
× 녹여 고정
불로 녹여 고정
B
C
D
E
F
G
사선 가로 엮기
불로 녹여 고정 (p.63 참조)
불로 녹여 고정

이어엮기 귀걸이

모티프 사이즈…약 5cm

60 재료 (1쌍)

마이크로 마크라메 코드
엮는끈 A 마살라 차이(1464) 80cm×2줄
엮는끈 B 검붉은색(1445) 50cm×2줄
엮는끈 C 옥색(1459) 40cm×2줄
엮는끈 D 블루(1448) 30cm×2줄
중심끈 마살라 차이(1464) 40cm×2줄
메탈 비즈
3mm 골드(AC1427) 14개
귀걸이 금속 골드(AC1664) 1쌍
C링 3.5×5mm 골드 2개

61 재료 (1쌍)

마이크로 마크라메 코드
엮는끈 A 블랙(1458) 80cm×2줄
엮는끈 B 터쿼이즈(1449) 50cm×2줄
엮는끈 C 라이트 그레이(1456) 40cm×2줄
엮는끈 D 레드(1444) 30cm×2줄
중심끈 블랙(1458) 40cm×2줄
메탈 비즈
3mm 골드(AC1427) 14개
귀걸이 금속 골드(AC1664) 1쌍
C링 3.5×5mm 골드 2개

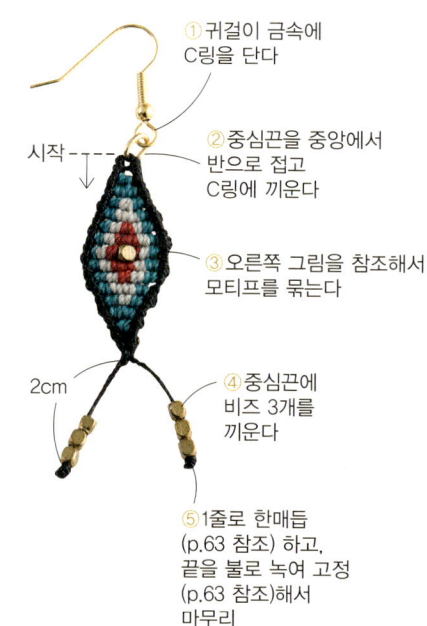

① 귀걸이 금속에 C링을 단다

② 중심끈을 중앙에서 반으로 접고 C링에 끼운다

③ 오른쪽 그림을 참조해서 모티프를 묶는다

④ 중심끈에 비즈 3개를 끼운다

⑤ 1줄로 한매듭 (p.63 참조) 하고, 끝을 불로 녹여 고정 (p.63 참조)해서 마무리

시작 ←

2cm

P.46 | **64·65**

레이스엮기 귀걸이

모티프 사이즈…약 4.5cm

64 재료 (1쌍)

마이크로 마크라메 코드
퍼플(1447) 80cm×4줄
파워스톤
자갈 타입 라브라도라이트(AC609) 6개
메탈 비즈 브론즈(AC1643) 24개
메탈 장식
투각 꽃 문양 앤티크 골드(AC1660) 2개
귀걸이 금속 골드(AC1664) 1쌍
O링 6mm 골드 2개

65 재료 (1쌍)

마이크로 마크라메 코드
블랙(1458) 80cm×4줄
파워스톤
자갈 타입 렉 오팔(AC607) 6개
메탈 비즈 실버(AC1642) 24개
메탈 장식
투각 꽃 문양 실버(AC1661) 2개
귀걸이 금속 실버(AC1665) 1쌍
O링 6mm 실버 2개

② 시작 방법

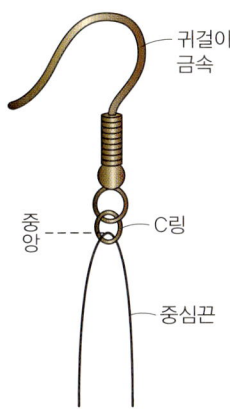

귀걸이 금속
중앙
C링
중심끈

③ 모티프 매듭법(기호도)

※엮는끈 A는 끝을 3cm 남기고 매듭을 시작한다.
매듭이 모두 끝나면 불로 녹여 고정해서 마무리

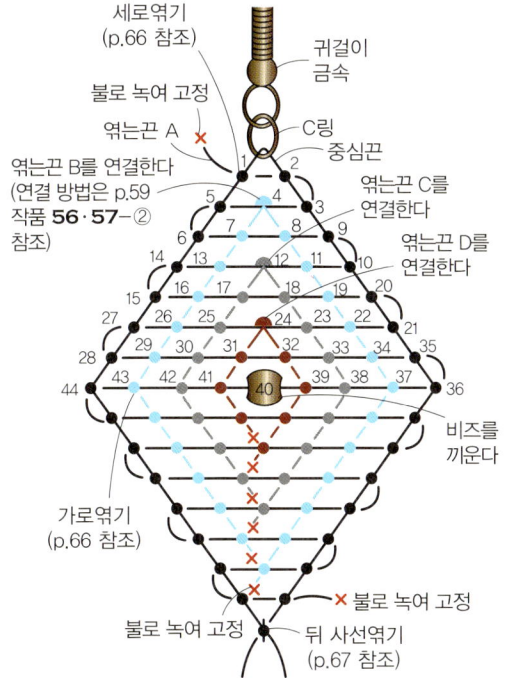

세로엮기
(p.66 참조)
귀걸이 금속
불로 녹여 고정
엮는끈 A ✕
엮는끈 B를 연결한다
(연결 방법은 p.59
작품 **56·57**-②
참조)
C링
중심끈
엮는끈 C를 연결한다
엮는끈 D를 연결한다
비즈를 끼운다
가로엮기
(p.66 참조)
✕ 불로 녹여 고정
불로 녹여 고정
뒤 사선엮기
(p.67 참조)

① 코드 길이

② 메탈 장식에 O링,
귀걸이 금속을 단다

시작

① 왼쪽 레이스엮기
(p.65 참조)를 하면서
비즈, 파워스톤을 끼운다
(아래 그림 참조)

20cm
60cm
중심끈
엮는끈

① 매듭법(기호도)

△ = 중심끈을 메탈 장식에 끼운다

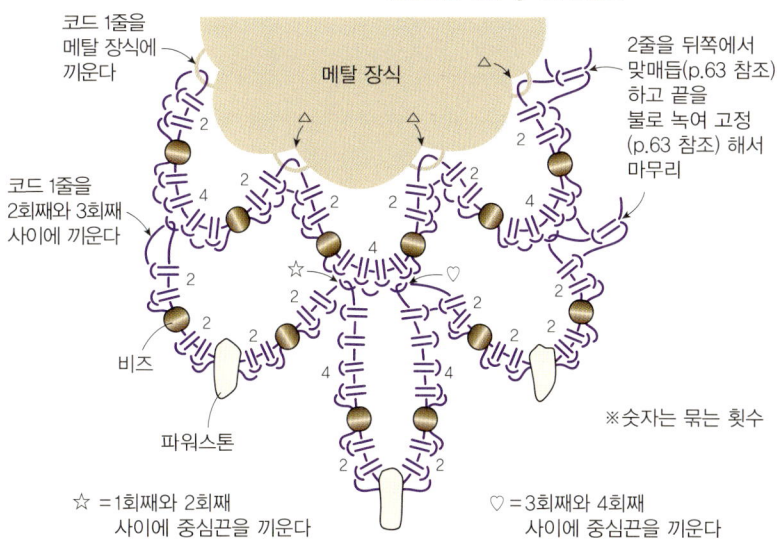

코드 1줄을
메탈 장식에
끼운다

메탈 장식

2줄을 뒤쪽에서
맞매듭(p.63 참조)
하고 끝을
불로 녹여 고정
(p.63 참조)해서
마무리

코드 1줄을
2회째와 3회째
사이에 끼운다

비즈

파워스톤

※숫자는 묶는 횟수

☆ =1회째와 2회째
사이에 중심끈을 끼운다

♡ =3회째와 4회째
사이에 중심끈을 끼운다

도구와 재료

마크라메 액세서리를 만들 때 필요한 도구와 재료를 소개한다.

※도구 E, F, H, I, L, M, 그 밖의 장식에서 b, c, e 이외의 도구, 재료는 모두 메르헨 아트 상품이다.

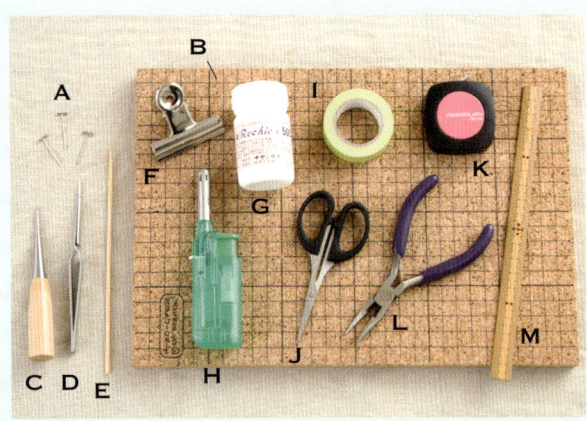

A 마크라메 슬림 T핀

B 코르크보드
액세서리를 만들 때 코르크보드에 마크라메 핀을 꽂아서 코드를 고정한다.

C 송곳
매듭코를 느슨하게 하거나 당겨서 조이는 섬세한 작업에 사용한다.

D 핀셋
코드를 끼워 넣거나 잡아 뺄 때 사용한다.

E 대꼬챙이
접착제를 바를 때 사용한다.

F 집게
코드를 고정할 때 사용한다.

G 접착제(공업용 본드)
빨리 마르고, 다양한 소재에 사용이 가능한 강력 접착제를 사용한다.

H 라이터
불로 녹여 고정할 때 사용한다.

I 마스킹 테이프
프레임매듭 폭을 정할 때 붙이면 편리하다.

J 가위
날이 잘 들고 끝이 가는 수예용 가위가 편리하다.

K 줄자
코드 길이나 작품의 사이즈를 잴 때 사용한다.

L 펜치
O링을 벌릴 때나 마감 부자재를 눌러서 고정할 때 사용한다.

M 자
줄자와 마찬가지로 길이를 잴 때 사용한다.

편리한 도구

커브 바늘
프레임매듭 부분에 가는 코드를 연결할 때 사용하면 편리하다.

마이크로 마크라메 코드
폴리에스테르 실에 수지 가공을 한 코드. 매듭이 잘 풀리지 않고, 매듭코가 깔끔하며 끝을 불로 녹여 마무리하는 것이 특징이다. ※굵기 약 0.7mm.

헴프(헴프 트와인)
헴프는 마를 꼬아서 만든 끈이다. 굵기는 가는 것, 중간, 굵은 것이 있는데, 이 책에서는 날염한 가는 타입의 끈을 사용했다. 컬러가 다양해 액세서리를 만드는 데는 최적이다. ※굵기 약 1.2mm.

스테인리스 코드
끈인데 금속으로 보이고, 부드러우면서 탄력이 있는 것이 특징. 가늘기 때문에 작은 비즈도 끼울 수가 있다. ※굵기 약 0.8mm, 1.5mm.

파워스톤
자갈이나 구슬, 카보숑 등의 모양이 있다. 메르헨 아트의 자갈, 구슬형은 코드를 끼우기 쉽게 구멍을 크게 만들었다(구슬형은 구멍 지름 2.5mm, 자갈 타입은 구멍 지름 1.5mm).

비즈
메탈 비즈, 브라스 비즈, 본 비즈 등 질감이나 소재, 컬러풀한 색으로 작품의 포인트가 된다.

메탈 장식
투각 문양의 메탈 장식은 작품에 맞춰서 디자인의 악센트가 된다.

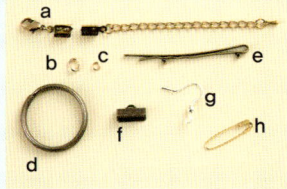

그 밖의 부자재
a 잠금 장식 **b** C링 **c** O링
d 열쇠고리 **e** 머리핀 금속
f 레이스캡 **g** 귀걸이 금속
h 브로치 핀

코드 끼우는 법

여러 줄의 코드에 비즈나 장식을 끼우는 방법이다.

1 비즈 구멍에 끼워야 하는 가닥수만큼의 코드(사진은 2줄)를 끼운다. 이어서 반으로 접은 더 가는 코드(재봉실로도 가능)를 끼운다.

2 비즈에 끼우고 싶은 코드(사진은 2줄)를 1의 가는 코드 고리 안에 끼운다.

3 가는 코드를 잡아당겨서 비즈 안으로 코드 2줄을 끌어낸다.

4 비즈 구멍에 코드 4줄이 끼워졌다.

불로 녹여 고정하는 테크닉

끈의 끝을 녹여서 접착하고 마무리하는 방법이다(단, 소재가 폴리에스테르인 경우에만).
이 책에 자주 등장하니 기본적인 테크닉을 마스터해보자.
※라이터 사용 시 불을 다루는 데 충분한 주의를 기울이자.

1 불로 녹여 고정하고 싶은 끈을 0.2cm 정도 남기고 자른다. 라이터를 옆으로 눕히고, 끈 끝에 라이터 아랫부분(파란 불꽃 부분)을 천천히 가져댄다. 불꽃을 L자로 만들어 파란 불꽃에 끈이 닿기 쉽게 하면 실패가 적다.

2 끈이 녹아서 고정된 모습이다.
※불을 너무 가까이 대면 끈이 검게 그을리고 타버릴 수 있으니 주의한다.

깔끔하게 완성하는 POINT

POINT 1 코드는 여유를 두고 준비한다
묶는 중간에 코드가 부족해지면 거기서 매듭을 중단해야 한다. 각각의 작품마다 재료가 명시되어 있긴 해도 묶을 때 조이는 정도나 착용하는 사람의 사이즈에 따라 사용하는 길이가 약간씩 차이난다. 여유를 갖고 조금 길게 코드를 준비하는 것이 좋다.

POINT 2 항상 같은 힘으로 묶는다
좌우로 당길 때, 둥근 4줄접기를 할 때처럼 같은 힘을 주어서 묶어야 예쁘게 완성된다. 단단히 꽉 묶도록 한다.

POINT 3 매듭코를 도중에 조여 준다
5회 정도 묶을 때마다 매듭코를 조여서 예쁘게 정돈한다.

기본 매듭법

한매듭

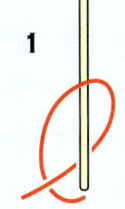

1 끈을 빙 돌려서 묶는다.

2 끝을 잡아당긴다.

3 완성. 몇 줄이든 같은 방법으로 묶는다.

맞매듭

1 오른쪽 끈 위로 왼쪽 끈을 놓고, 화살표처럼 빼낸다.

2 왼쪽 끈 위로 오른쪽 끈을 놓고, 화살표처럼 빼내고 당겨서 조인다.

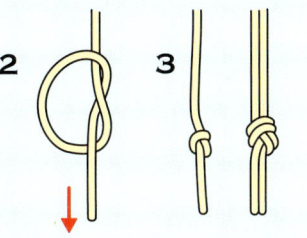

3줄땋기

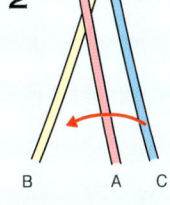

1 끈 3줄을 나란히 놓는다. A와 B를 교차시킨다.

A B C

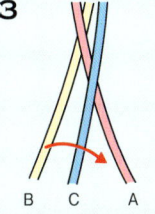

2 C와 A를 교차시킨다.

B A C

3 1, 2의 순서로 반복해서 교차시킨다.

B C A

4 땋아가며 당겨서 조인다.

C A B

왼쪽 평돌기매듭

1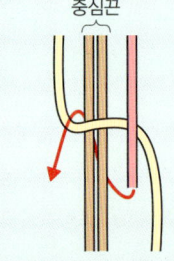
중심끈

왼쪽 끈을 중심끈 위에 놓고, 그 위로 오른쪽 끈을 놓는다. 오른쪽 끈을 중심끈의 아래에서 왼쪽 끈 위로 빼낸다.

2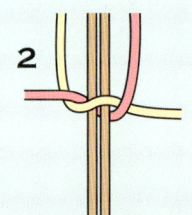
좌우의 끈을 당긴다.

3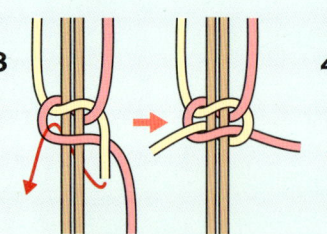
나선으로 반 회전한 정도에서 중심끈을 잡고 매듭 코를 밀어 올린다.(평매듭의 '연속해서 묶으면…' p.65 참조)

4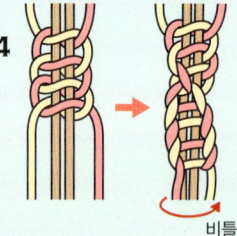
비틀어진다

1, 2를 반복한다.

좌우엮기

1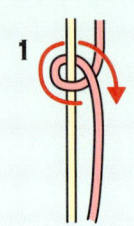
왼쪽 끈을 중심끈으로 해서 오른쪽 끈을 감고 당겨서 조인다.

2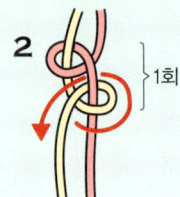
1회
오른쪽 끈을 중심끈으로 해서 왼쪽 끈을 감고 당겨서 조인다. 좌우엮기 1회 완성.

3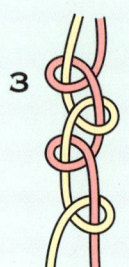
1, 2를 반복한다.

4줄꼬기

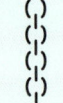

1
끈 4줄을 나란히 놓는다. C와 B를 교차시킨다.

A B C D

2
D를 B, C의 아래로 빼내고, 위에서 C, B의 사이에 넣는다.

A C   B D

3
A를 C, D의 아래로 빼내고, 위에서 D, C의 사이에 넣는다.

A C   D B

4
B를 D, A의 아래로 빼내고, 위에서 A, D의 사이에 넣는다.

C A   D B

5
3, 4의 순서로 좌우 끝의 끈을 반복해서 빼내고 묶어간다. 꼬아가며 당겨서 조인다.

C A   B D

둥근 4줄 접기

1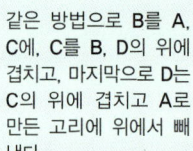
A
D   B
중심
C

4줄의 끈을 십자로 놓고, 오른쪽으로 끈을 위에 겹쳐간다. A를 B에 겹친다.

2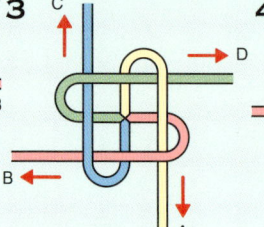
D
C   A

같은 방법으로 B를 A, C에, C를 B, D의 위에 겹치고, 마지막으로 D는 C의 위에 겹치고 A로 만든 고리에 위에서 빼낸다.

3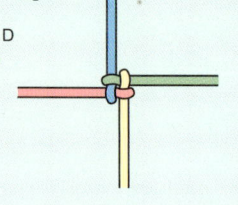
C
D
B
A

4줄의 끈을 균등하게 당겨서 조인다.

4
1회 묶은 모습이다.

5
1~4를 반복한다.

64

왼쪽 레이스엮기

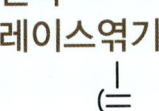

1

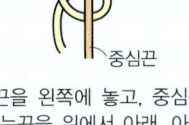

중심끈

엮는끈을 왼쪽에 놓고, 중심끈에 엮는끈을 위에서 아래, 아래에서 위의 순서로 1회씩 감는다. 1회 감을 때마다 당겨서 조인다.

2

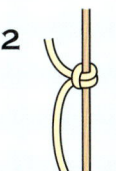

왼쪽 레이스엮기 1회 완성.

오른쪽 레이스엮기

1

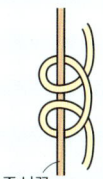

중심끈

엮는끈을 오른쪽에 놓고, 중심끈에 엮는끈을 위에서 아래, 아래에서 위의 순서로 1회씩 감는다. 1회 감을 때마다 당겨서 조인다.

2

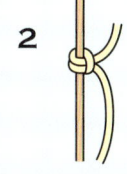

오른쪽 레이스엮기 1회 완성.

뒤 왼쪽 레이스엮기

1

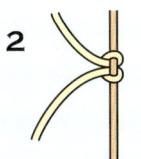

중심끈

엮는끈을 왼쪽에 놓고, 중심끈에 엮는끈을 아래에서 위, 위에서 아래의 순서로 1회씩 감는다. 1회 감을 때마다 당겨서 조인다.
엮는끈의 매듭 방식은 왼쪽 레이스엮기와 반대가 된다.

2

뒤 왼쪽 레이스엮기 1회 완성.

뒤 오른쪽 레이스엮기

1

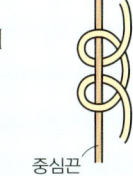

중심끈

엮는끈을 오른쪽에 놓고, 중심끈에 엮는끈을 아래에서 위, 위에서 아래의 순서로 1회씩 감는다. 1회 감을 때마다 당겨서 조인다. 엮는끈의 매듭 방식은 오른쪽 레이스엮기와 반대가 된다.

2

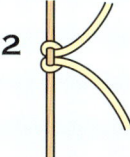

뒤 오른쪽 레이스엮기 1회 완성.

평매듭

1

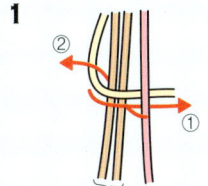

②
①
중심끈

왼쪽 끈을 중심끈 위에 놓고, 그 위에 오른쪽 끈을 놓는다. 오른쪽 끈을 중심끈의 아래에서 왼쪽 끈의 위로 빼낸다.

2

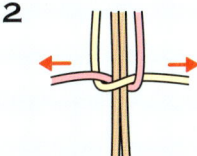

좌우의 끈을 당긴다.

3

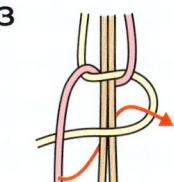

같은 방법으로 오른쪽 끈을 중심끈 위에 놓고, 그 위에 왼쪽 끈을 놓는다. 왼쪽 끈을 중심끈의 아래에서 오른쪽 끈의 위로 빼낸다.

4

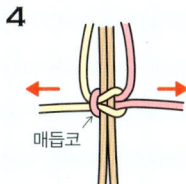

매듭코

좌우의 끈을 당긴다. 평매듭 1회 완성(왼쪽 평매듭).

【매듭코 보는 법】

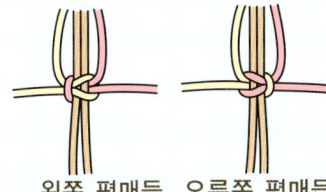

왼쪽 평매듭   오른쪽 평매듭

오른쪽 평매듭은 중심끈 위에 놓는 끈의 순서를 반대로 해서 1에서 오른쪽 끈을 먼저 놓는다. 좌우 대칭이 되게 묶인다.

【0.5회란…】

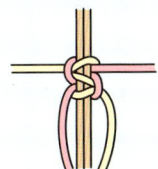

1~**4**대로 평매듭을 하고, 다시 2 과정까지 매듭이 끝나면 0.5회를 묶은 것이 된다.

(그림은 1.5회를 묶은 상태)

【평매듭의 엮는끈 추가 방법】

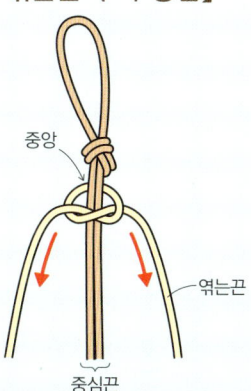

중앙

엮는끈

중심끈

엮는끈을 중심끈에 묶는다. 매듭코를 뒤쪽으로 돌리고 매듭을 시작한다.

【연속해서 묶으면…】

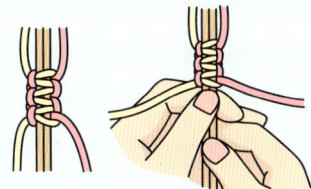

3~4회 묶은 곳에서 중심끈을 잡고 매듭코를 밀어 올려서 조인다.

【뒤로 돌리면…】

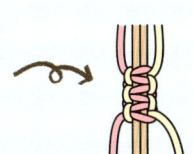

평매듭을 뒤로 돌리면 끈의 색이 반대가 된다.

가로엮기

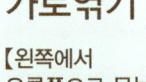

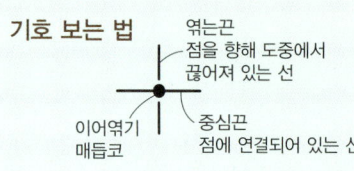

기호 보는 법

엮는끈
점을 향해 도중에서
끊어져 있는 선

이어엮기
매듭코

중심끈
점에 연결되어 있는 선

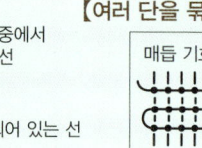

【여러 단을 묶는 경우】

매듭 기호

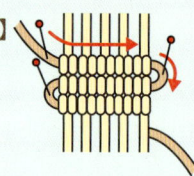

그림처럼 왼쪽에서 오른쪽으로, 오른쪽에서 왼쪽으로 반복해서 묶는다.

【왼쪽에서 오른쪽으로 묶는 경우】

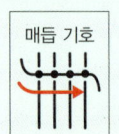

매듭 기호

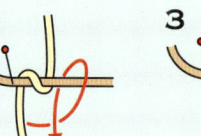

1 중심끈을 가로로 핀을 꽂아 고정하고, 화살표처럼 엮는끈을 감는다.

중심끈

2 엮는끈을 중심끈의 앞쪽에서 맞은편으로 감는다.

3 당겨서 조인다.

4 1코 완성.

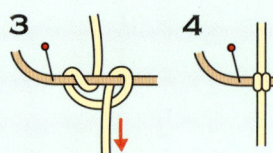

5 오른쪽으로 엮는끈을 추가하면서 계속해서 묶는다.

6 완성.

【오른쪽에서 왼쪽으로 묶는 경우】

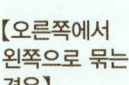

매듭 기호

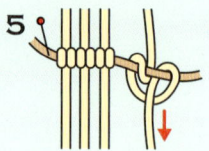

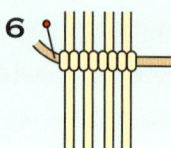

1 중심끈을 가로로 핀을 꽂아 고정하고, 화살표처럼 엮는끈을 감는다.

중심끈

2 엮는끈을 중심끈의 앞쪽에서 맞은편으로 감는다.

3 당겨서 조인다.

4 1코 완성.

5 왼쪽으로 엮는끈을 추가하면서 계속해서 묶는다.

6 완성.

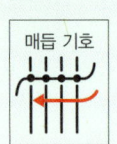

세로엮기

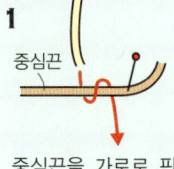

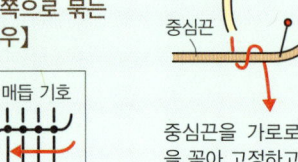

기호 보는 법

중심끈
점에 연결되어 있는 선

이어엮기
매듭코

엮는끈
점을 향해 도중에서
끊어져 있는 선

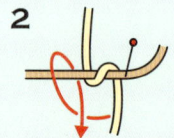

【여러 단을 묶는 경우】

매듭 기호

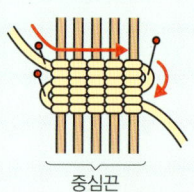

그림처럼 왼쪽에서 오른쪽으로, 오른쪽에서 왼쪽으로 반복해서 묶는다

중심끈

【왼쪽에서 오른쪽으로 묶는 경우】

매듭 기호

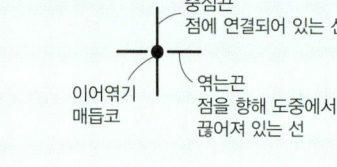

1 중심끈을 세로로 핀을 꽂아 고정하고, 화살표처럼 엮는끈을 감는다.

중심끈

2 엮는끈을 중심끈의 앞쪽에서 맞은편으로 감는다.

3 당겨서 조인다.

4 1코 완성.

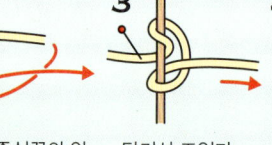

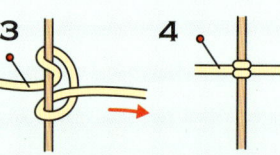

5 연결해서 묶고, 매듭코와 매듭코 사이가 벌어지지 않도록 중심끈과 엮는끈을 당겨서 조인다.

6 완성.

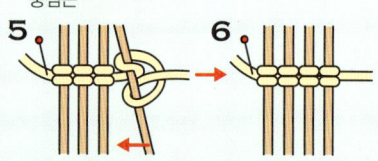

【오른쪽에서 왼쪽으로 묶는 경우】

매듭 기호

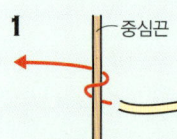

1 중심끈을 세로로 핀을 꽂아 고정하고 화살표처럼 엮는끈을 감는다.

중심끈

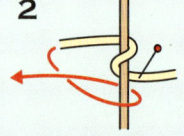

2 엮는끈을 중심끈의 앞쪽에서 맞은편으로 감는다.

3 당겨서 조인다.

4 1코 완성.

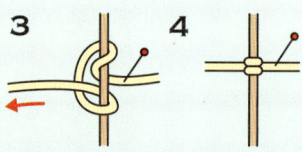

5 연결해서 묶고, 매듭코와 매듭코 사이가 벌어지지 않도록 중심끈과 엮는끈을 당겨서 조인다.

6 완성.

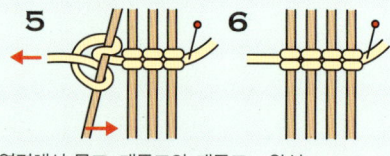

사선엮기

매듭 기호

매듭코 — 중심끈
엮는끈

【오른쪽 위에서 왼쪽 아래로】

오른쪽 위에서 왼쪽 아래로 비스듬히 묶어간다. A의 끈(중심끈)을 핀을 꽂아 고정하고, B, C, D(엮는끈)의 순서로 그림처럼 감는다. 중심끈의 각도에 따라 원하는 라인을 만들 수 있다.
※매듭법은 '가로엮기'와 같다.

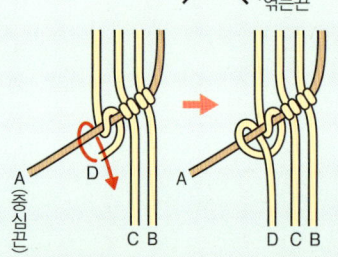

매듭 기호

엮는끈
중심끈

【왼쪽 위에서 오른쪽 아래로】

왼쪽 위에서 오른쪽 아래로 비스듬히 묶어간다. A의 끈(중심끈)을 핀을 꽂아 고정하고, B, C, D(엮는끈)의 순서로 그림처럼 감는다. 중심끈의 각도에 따라 원하는 라인을 만들 수 있다.
※매듭법은 '가로엮기'와 같다.

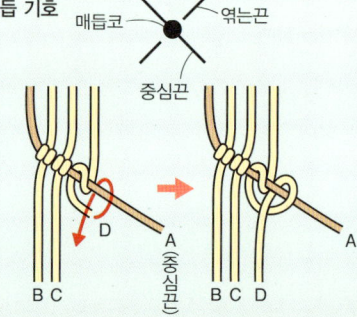

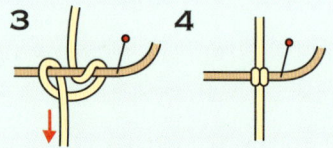
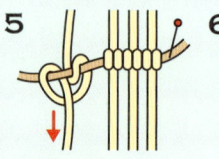
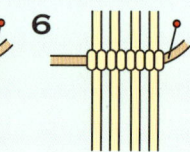
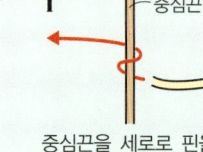

복수 단 사선엮기

※중심끈이 되는 끈이 1단마다 바뀌는 것에 주의하자.

【오른쪽 아래로 묶는 경우】

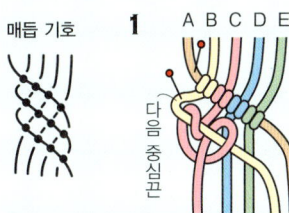

매듭 기호

1 A B C D E

C D E B A

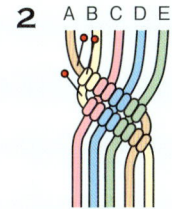

2 A B C D E

C D E A B

왼쪽 위에서 오른쪽 아래로 첫째 단을 묶어간다. 이때 중심끈이었던 A는 오른쪽 첫 번째로 온다. 다음 둘째 단은 왼쪽 첫 번째인 B를 중심끈으로 해서 묶는다.

둘째 단이 끝난 모습. 중심끈이었던 B는 오른쪽 첫 번째로 왔다.

【왼쪽 아래로 묶는 경우】

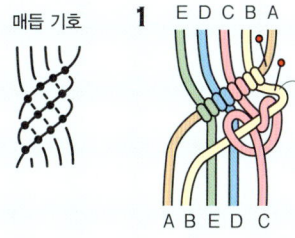

매듭 기호

1 E D C B A

A B E D C

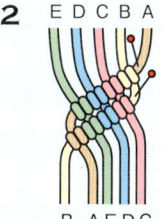

2 E D C B A

B A E D C

오른쪽 위에서 왼쪽 아래로 첫째 단을 묶어간다. 이때 중심끈이었던 A는 왼쪽 첫 번째로 온다. 다음 둘째 단은 오른쪽 첫 번째인 B를 중심끈으로 해서 묶는다.

둘째 단이 끝난 모습. 중심끈이었던 B는 왼쪽 첫 번째로 왔다.

뒤 가로엮기

기호 보는 법

엮는끈
점을 향해 도중에서 끊어져 있는 선

뒤 이어엮기
매듭코

중심끈
점에 연결되어 있는 선

【여러 단을 묶는 경우】

매듭 기호

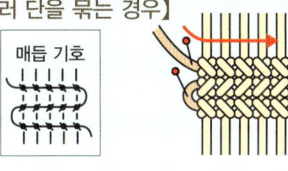

그림처럼 왼쪽에서 오른쪽으로, 오른쪽에서 왼쪽으로 반복해서 묶는다.

【왼쪽에서 오른쪽으로 묶는 경우】

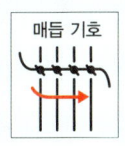

매듭 기호

1

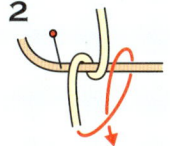

중심끈

중심끈을 가로로 핀을 꽂아 고정하고, 화살표처럼 엮는끈을 감는다.

2

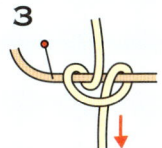

엮는끈을 중심끈의 맞은편에서 앞쪽으로 감는다.

3

당겨서 조인다.

4

1코 완성.

5

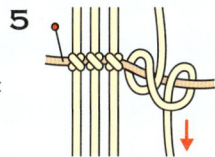

오른쪽으로 엮는끈을 추가하면서 계속해서 묶는다.

6

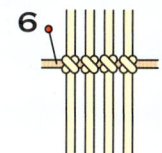

완성.

【오른쪽에서 왼쪽으로 묶는 경우】

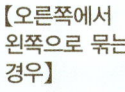

매듭 기호

1

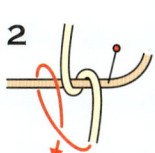

중심끈

중심끈을 가로로 핀을 꽂아 고정하고, 화살표처럼 엮는끈을 감는다.

2

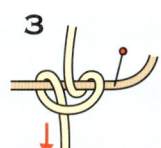

엮는끈을 중심끈의 맞은편에서 앞쪽으로 감는다.

3

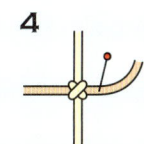

당겨서 조인다.

4

1코 완성.

5

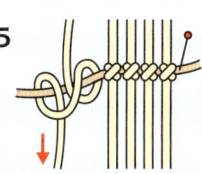

왼쪽으로 엮는끈을 추가하면서 계속해서 묶는다.

6

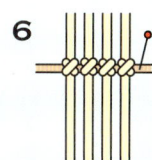

완성.

뒤 사선엮기

【오른쪽 위에서 왼쪽 아래로】

매듭 기호

매듭코 ── 엮는끈

중심끈

1

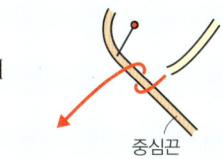

중심끈

중심끈을 비스듬히 핀을 꽂아 고정하고, 화살표처럼 엮는끈을 감는다.

2

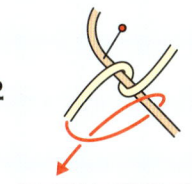

엮는끈을 중심끈의 맞은편에서 앞쪽으로 감는다.

3

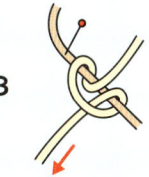

당겨서 조인다.

4

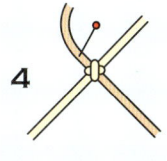

1코 완성.

【왼쪽 위에서 오른쪽 아래로】

매듭 기호

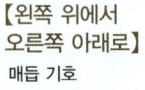

매듭코 ── 중심끈

엮는끈

1

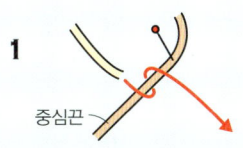

중심끈

중심끈을 비스듬히 핀을 꽂아 고정하고, 화살표처럼 엮는끈을 감는다.

2

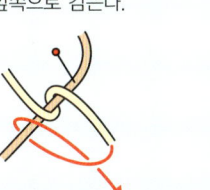

엮는끈을 중심끈의 맞은편에서 앞쪽으로 감는다.

3

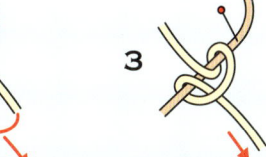

당겨서 조인다.

4

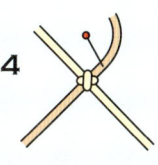

1코 완성.

라인매듭(이어엮기 응용)

세로엮기를 0.5회씩 묶어가는 방법이다.

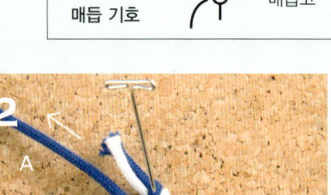

매듭 기호 / 엮는끈(A) / 중심끈(B) / 라인매듭 매듭코

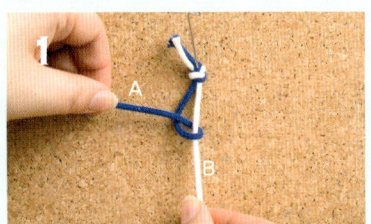

1 세로엮기(p.66 참조)를 0.5회씩 묶어간다. B를 오른손에 A를 왼손에 쥔다. B를 중심끈으로 해서, A를 B의 위에서 아래로 감는다.

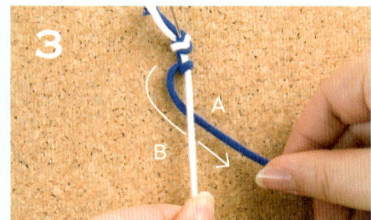

2 당겨서 조인다. 이것을 흰 원(○) 1회로 센다.

3 A와 B의 끈을 바꿔 쥐고, A를 B의 아래로 빼낸다.

4 B를 중심끈으로 해서 A를 B의 위에서 아래로 감는다.

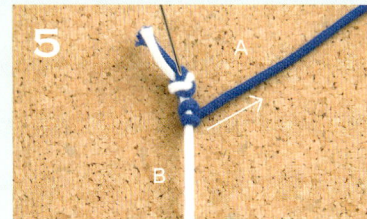

5 당겨서 조인다. 이것을 흰 원(○) 1회로 센다.

6 A와 B의 끈을 바꿔 쥐고, A를 B의 아래로 빼내고 1~5를 반복한다.

옆에서 보면 매듭코가 레이스엮기처럼 보인다.

POINT LESSON

프레임매듭 (응용~장식)

기본 프레임매듭 위에 겹쳐서 이어엮기를 하는 매듭이다. 테두리 장식으로 이용된다. 이 책에서는 p.25-34의 작품에서 사용했다.

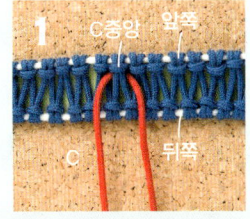

1 엮는끈 A, B로 p.26-1~p.27-11과 같은 방법으로 프레임매듭을 지정된 횟수까지 묶는다. 프레임매듭의 간격을 벌리고 엮는끈 C를 사진처럼 프레임매듭의 세로끈 2줄에 끼운다.

C충앙 / 앞쪽 / 뒤쪽

2 엮는끈 C를 끝까지 24줄 끼운다.

3 엮는끈 D의 끝을 10cm 남기고 임시 한매듭(p.63 참조)을 한다. ※임시 한매듭은 나중에 풀어야 하니 조금 느슨하게 묶어둔다. D를 위쪽에 맞추고 임시 한매듭에 핀을 꽂는다.

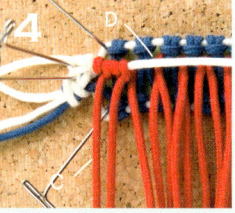

4 D를 중심끈으로 해서 C로 가로엮기(p.66 참조)를 한다.

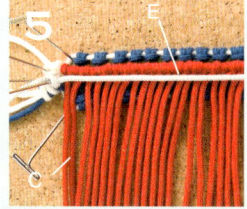

5 엮는끈 E의 끝을 10cm 남기고 임시 한매듭을 한다. E를 위쪽의 가로엮기에 맞추고 임시 한매듭에 핀을 꽂는다.

6 C를 중심끈으로 해서 E로 세로엮기(p.66 참조)를 한다. ※매듭의 간격이 벌어지지 않도록 주의한다.

7 다른 엮는끈 D 1줄의 끝을 10cm 남기고 임시 한매듭을 한다. D를 위쪽의 세로엮기에 맞추고 임시 한매듭에 핀을 꽂는다.

8 D를 중심끈으로 해서 C로 가로엮기를 한다.

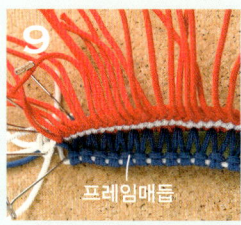

9 장식은 프레임매듭 위에 겹쳐 있다. 끝까지 매듭이 끝나면 C의 끝을 모두 자르고, 불로 녹여 고정(p.63 참조)해서 마무리한다.

프레임매듭